走好中国特色金融发展之路

绿色金融的实践与探索

刘 丹 陈 珊 林 茜◎著

人民日报出版社

北 京

图书在版编目（CIP）数据

走好中国特色金融发展之路：绿色金融的实践与探索 / 刘丹，陈珊，林茜著 . -- 北京：人民日报出版社，2024. 10. -- ISBN 978-7-5115-8425-0

Ⅰ. F832

中国国家版本馆 CIP 数据核字第 2024Y9J023 号

书　　名：走好中国特色金融发展之路：绿色金融的实践与探索
ZOUHAO ZHONGGUO TESE JINRONG FAZHAN ZHILU:
LÜSE JINRONG DE SHIJIAN YU TANSUO
作　　者：刘丹　陈珊　林茜

出 版 人：刘华新
责任编辑：毕春月　张雨嫣
封面设计：天翼文化

出版发行：人民日报出版社
社　　址：北京金台西路 2 号
邮政编码：100733
发行热线：（010）65369509　65369527　65369846　65363528
邮购热线：（010）65363531　65363527
编辑热线：（010）65369521
网　　址：www.peopledailypress.com
经　　销：新华书店
印　　刷：三河市华晨印务有限公司
法律顾问：北京科宇律师事务所　（010）83622312

开　　本：710mm×1000mm　1/16
字　　数：175 千字
印　　张：12.25
印　　次：2025 年 2 月第 1 版　　2025 年 2 月第 1 次印刷
书　　号：ISBN 978-7-5115-8425-0
定　　价：58.00 元

目　录

第一章 绿色金融的定位及功能

第一节 绿色金融的内涵

绿色金融的概念，最早可以追溯到20世纪70年代的环境保护运动。随着工业化进程的加速，环境污染和资源枯竭问题逐渐显现，人们开始意识到经济发展与环境保护之间的矛盾。20世纪90年代，José Salazar首次提出"环境金融"这一概念，认为金融业应通过金融创新来满足环保产业的融资需求。在外国文献中，第一次出现"绿色金融"的说法是在1994年英国环境律师Hugh Devas撰写的一篇名为《绿色金融》的期刊文章中。该文没有对绿色金融给出系统完整定义，但提出了绿色金融与环境风险、法律责任之间的联系，为绿色金融概念提供了重要内容。随后，绿色金融在2000年被《美国传统词典》定义为"环境金融"（Environmental Finance）或"可持续融资"（Sustainable Financing），即致力于从金融角度研究如何通过多样化的金融工具实现环境保护的学科领域。

2016年8月，中国人民银行、财政部等七部委联合发布《关于构建绿色金融体系的指导意见》，首次给出了中国官方对绿色金融的定义：绿色金融是指为支持环境改善、应对气候变化和资源节约高效利用的经济活动，即对环保、节能、清洁能源、绿色交通、绿色建筑等领域的项目投融资、项目运营、风险管理等所提供的金融服务。

绿色金融的内涵包括以下几个方面。其中，环境意识和可持续发展是绿色金融的基础理念，绿色信贷、绿色债券、绿色基金和绿色保险等产品是绿色金融的工具箱，风险管理、政策支持、信息披露和国际合作等是实现绿色金融服务经济、社会和环境可持续发展的有效手段。

环境意识。在绿色金融中，环境意识是指金融机构在进行投资决策、贷款发放、资产管理等金融活动时，充分考虑环境因素，评估和减少对环境的负面影响，寻求促进可持续发展。环境意识在绿色金融中的重要性日益凸显，塑造环境意识是帮助金融机构规避环境风险，推动经济绿色转型和社会可持续发展的第一步。环境意识主要体现在以下五个方面：第一，进行环境影响评价，投前引入专业的绿色机构评估项目对环境的影响，投后对投资的项目和企业进行环境影响的持续监测，确保其在运营过程中符合环境标准；第二，制定绿色投资策略，优先投资那些有助减少温室气体排放、提高能源效率、保护生物多样性和促进可持续资源利用的项目和企业；第三，进行环境责任投资（ESG），将环境（Environmental）、社会（Social）和治理（Governance）因素纳入投资决策过程，选择那些在ESG方面表现良好的项目和公司；第四，遵守环境法规，确保金融活动遵守相关的环境法规和国际公约，如《巴黎协定》等；第五，加强环境教育和培训，提高金融行业员工对环境问题的认识和处理能力。

可持续发展。绿色金融支持的项目和企业应符合可持续发展原则，即在不损害后代人满足自身需求的能力的前提下，满足当代人的需求。可持续发展最早在1987年的《我们共同的未来》报告中被提出，涵盖经济、社会和环境三个方面的内容：第一，实现经济可持续性，即经济增长不应以牺牲环境为代价，应在资源利用和环境保护之间寻求平衡；第二，实现社会可持续性，社会进步应确保公平和包容性，提高生活质量，减少贫困，提供教育和医疗保健，以及促进社会公正和平等；第三，实现环境可持续性，保护自然资源和生态系统，减少污染和废物，保护生物多样性，确保自然资源的可持续利用。绿色金融是实现可持续发展的重要手段，通过资金支持、项目倾斜、鼓励企业承担社会责任等方式提高资源利用率，促进经济与环境互利互惠。

绿色信贷。绿色信贷是专门用于资助环保项目、资源节约型项目以及清洁能源等可持续发展项目的金融产品和服务。这些信贷产品通常要求资金用于符合特定环境标准的项目，以推动低碳经济和可持续社会的建设。绿色信贷在资金用途、风险管理、社会效益和政策支持四个方面区别于普通信贷。首先，绿色信贷的资金主要用于环保、清洁能源、节能减排、生态修复等领域，具有明确的环保目标。其次，绿色项目通常会面临不同于传统业务的风险，金融机构在评估绿色信贷时，通常会关注项目的环境影响和可持续性，以降低信用风险。再次，绿色信贷不仅关注经济回报，还注重社会和环境效益。投资绿色项目主要是为了改善环境质量，提高公众的生活质量。最后，许多国家和地区对绿色信贷给予政策支持，包括税收减免、贷款利率优惠等，旨在刺激市场对绿色项目的投资。

绿色债券。根据《中国绿色债券原则》，绿色债券是指募集资金专门用于支持符合规定条件的绿色产业、绿色经济活动等相关的绿色项目，依照法定程序发行并按约定还本付息的有价证券。绿色债券的募集资金必须100%用于支持可再生能源、节能、污染防治、清洁交通、生态保护等绿色项目，因此，绿色债券和普通债券的最大区别在于其"绿色"属性。相较于普通债券，绿色债券有以下特点：第一，募集的资金必须用于环保和可持续项目，具有明确的资金流向；第二，资金用途具有透明性和可追溯性，绿色债券发行者需提供详细的项目说明和资金使用报告，以确保投资者能够追踪资金的使用情况；第三，产生环境效益，即投资绿色债券的重点在于其能够产生的环境效益，这可以通过减少温室气体排放、水资源保护等方式实现；第四，具有绿色信用评级，绿色债券能够获得独立第三方的绿色认证或评级，提升其市场认可度，这种评级通常由专业机构提供。

绿色基金。绿色基金也称为可持续基金或环境责任投资基金，是专门投资那些对环境有积极影响、符合可持续发展原则的项目或企业的金融工具。与普通基金相比，绿色基金有以下特点：第一，绿色基金的发行需遵循特定的绿色或可持续投资标准和认证流程，需要明确披露其投资策略、绿色标准以及筛选过程，而普通基金不特别要求披露特定的社会责任或环境影响信息；第二，在收益回报上，绿色基金收益回报可能与市场平均水平相当，但更强调长期可持续回报，可能会因投资于特定的环保或社会责任项目而牺牲部分短期收益；第三，在风险管理上，绿色基金的风险管理包括对环境、社会和治理（ESG）因素的评估，而普通基金风险管理主要依据传统的金融风险评估方法，如市场风险、信用风险等，不会特别考虑ESG因素带来的风险；第四，在法规和标准上，绿色基金需要遵守更为严格的法规和标准，如欧盟的《可持续金融披露条例》，要求向投资者披露其绿色投资策略和成果，而普通基金的透明度要求可能较低，主要关注财务信息的披露。

绿色保险。绿色保险是指保险业在环境资源保护与社会治理、绿色产业运行和绿色生活消费等方面提供风险保障和资金支持等经济行为的统称。①绿色保险与普通保险的区别在于：在发行规则上，绿色保险发行时

---

① 概念引用自《关于印发绿色保险业务统计制度的通知》。

需遵循特定的环保和可持续性标准，需要通过特定的认证或符合绿色保险的定义和准则；在投放规模和认可度上，绿色保险在规模上不如普通保险广泛，属于一个相对较新的市场领域；在政策规定上，绿色保险受到特定的环境政策和法规的支持或要求，如某些国家或地区强制要求强污染企业购买环境污染责任保险；在产品设计上，绿色保险的产品设计品种较少，包括对可再生能源项目、绿色建筑、清洁技术等的特定保障，但针对性强，可以根据客户的实际需求和环境保护标准来定制；在保费定价上，绿色保险保费基于企业的环境表现和风险管理实践，对于采取良好环保措施的企业和项目可能提供保费优惠；在索赔处理上，绿色保险的索赔处理涉及复杂的环境损害评估和修复成本，有时会需要第三方独立评估机构介入。

风险管理。绿色金融强调对环境风险的识别、评估和管理，以降低因环境问题带来的金融风险。首先，金融机构要评估环境风险，即在评估投资项目或企业时，会考虑其对环境的潜在影响，包括环境污染、生物多样性损失和气候变化风险。其次，金融机构应加强合规性监管，确保金融产品和服务遵守相关的环境法规和标准，减少因违反法规而产生的风险。最后，金融机构可以通过绿色金融产品标准化、风险分散、风险转移、市场风险管理等手段降低风险。举例来说，金融机构可以通过制定绿色债券、绿色贷款等金融产品的标准化流程和评估体系，降低评估和认证过程中的不确定性；投资不同类型的绿色项目，分散单一项目可能带来的风险；使用保险、担保和其他风险转移工具来降低项目的风险；评估绿色技术的有效性和可靠性，确保投资的长期可行性；监控市场动态，包括政策变化、市场需求波动等，以预测和应对可能影响绿色金融产品价值的因素。对监管机构来说，出台统一的评估细则来明确审核指标，推进统一监管、统一独立认证等，均是降低绿色金融风险的有效举措。此外，政府可以通过出台相关政策或激励措施，如提供税收优惠和补贴鼓励项目利益相关者，包括当地社区、环境保护组织和投资者，参与项目的设计和实施，以识别和减轻潜在风险，来降低绿色金融的风险。通过这些风险管理措施，可以增强绿色金融项目的吸引力，促进更多资本流向环境友好型项目，同时保护投资者的利益，确保金融系统的稳定性。

政策支持。政府通过制定相关政策和法规，为绿色金融的发展提供支持。政策支持是推动绿色金融发展的关键因素，各国政府和国际组织已经制定一系列政策和措施来促进绿色金融，主要包含四个方面：第一，金融工具支持，包括绿色信贷政策、绿色债券支持、绿色保险支持、绿色企业上市支持等，如鼓励银行和其他金融机构提供优惠利率贷款给环保项目、为绿色债券发行提供税收优惠和补贴、要求企业投保环境污染责任保险以覆盖潜在的环境损害、推动建立绿色证券市场等；第二，直接财政支持，如对绿色项目和企业提供税收减免或退税；第三，加强对绿色金融活动的监管，确保资金真正流向绿色项目，要求金融机构披露其绿色金融活动和环境效益；第四，国际合作与协调，参与国际绿色金融倡议，如二十国集团（以下简称G20）绿色金融研究小组，与国际金融机构合作，共同推动全球绿色金融发展。

信息披露。绿色金融强调透明度和信息披露，要求金融机构公开其环境风险管理和绿色投资的情况。为了增强透明度，披露的信息要做到以下三点。一是可测度，聘请专业的绿色评估认证机构出具专门报告，定量测算二氧化碳减排等环境效益，显著标示项目碳减排、碳中和等效果。二是可核查，开设专门账户或建立专项台账用于募集资金的到账、拨付及回收，保障资金专款专用。按季披露资金使用和碳减排情况报告，按年披露年度报告和专项审计报告，接受社会监督。三是可验证，做好存续期的环境效益相关信息披露。持续聘请绿色评估认证机构进行存续期评估认证，对募投项目的环境效益，如碳减排实现情况进行持续跟踪，确保资金转化为切实的环境效益。

国际合作。绿色金融的发展需要国际社会的合作，共同推动全球环境治理和可持续发展。具体来说，主要通过制定标准、提出倡议、建立市场、技术支持、共同出资等形式开展国际合作。

1.多边开发银行参与：世界银行、亚洲开发银行等多边开发银行通过提供资金、技术和知识支持，帮助成员国发展绿色金融项目。

2.国际倡议和协议：如《巴黎协定》和《联合国气候变化框架公约》等，鼓励各国采取行动减少温室气体排放，并促进绿色金融的发展；联合国环境规划署金融倡议（UNEP FI），旨在促进金融机构对环境责任的投资和保险业务，推动可持续发展；国际可持续发展目标（SDGs），是联合国制定的17个可持续发展目标，鼓励国际社会在包括绿色金融在内的多个领域进行合作。

3.全球绿色债券市场：通过国际合作，建立了绿色债券原则（GBP），为发行绿色债券提供指导和标准。

4.国际碳交易市场：如欧盟排放交易系统（EU ETS），通过国际合作建立碳定价机制，促进减排。

5.国际气候基金：如绿色气候基金（Green Climate Fund），旨在支持发展中国家应对气候变化，促进绿色金融项目。

6.国际金融标准：如气候相关金融披露工作组（TCFD），由国际组织如金融稳定委员会（FSB）提出，旨在推动气候相关风险的披露标准；国际金融公司（IFC）的赤道原则，作为一套自愿性行业基准，用于指导金融机构在项目融资中管理环境和社会风险。

7.跨境绿色投资合作：通过双边和多边协议，促进跨国绿色投资，如中英绿色金融工作组等。

8.国际研究和知识共享：国际组织和研究机构合作，共享绿色金融的最佳实践、案例研究和政策框架。如G20国家成立的G20绿色金融研究小组，旨在识别绿色金融面临的障碍，并提出解决方案，促进全球绿色金融的发展。

9.国际绿色金融网络：建立国际绿色金融网络，如全球绿色金融协会（GGFA），促进信息交流和合作。

总的来说，绿色金融的内涵是多维度的，不仅关注金融产品和服务的绿色属性，还强调金融系统在促进环境可持续性和经济发展中的积极作用。随着全球对环境问题的重视，绿色金融的理念和实践正在不断深化和扩展。

第二节　绿色金融相关研究综述

一、绿色金融的理论基础

外部性理论解释了市场机制在处理环境问题时的不足。环境污染和资源过度开发等行为产生的负外部性，通过绿色金融的激励和约束机制得以内部化，从而实现资源配置的优化。根据Coase[1]定理，市场交易可以通过明确产权来解决外部性问题。然而，在实际环境保护中，产权模糊、交易成本高、信息不对称等因素使得外部性常常无法有效内化（Coase，1960）[1]。因此，绿色金融作为一种政策工具，通过资金流向引导，能够帮助内化外部性，实现资源的有效配置。Ameenullah等（2020）[2]指出，绿色金融模式，如绿色债券及绿色贷款，不仅能够降低投资者的环境风险，推动清洁能源、绿色建筑等项目的开发，直接改善环境质量，还能推动企业的可持续发展。根据Zhang等（2023）[3]的研究，政府的政策激励和财政支持能够有效减少外部性带来的负面影响。

环境经济学为绿色金融提供了理论支持，特别是在评估环境政策和市场机制对经济活动的影响方面。环境经济学认为，通过政策和市场手段可以促进经济活动与环境保护的协调发展。环境资源在传统经济模型中往往被低估，Ameenullah等（2020）[2]提出，环境资源的价值应在经济决策中明确，绿色金融可以通过金融工具的创新，将环境价值体现在企业和项目的融资中。而政策性金融与绿色金融的结合能够有效提升环境治理效能，根据Mariana（2018）[4]的研究，国家应通过设计合适的绿色金融政策，鼓励风险投资，加速绿色技术的商业化进程。在环境经济学中，气候变化风险的识别与定价是发展绿色金融的核心内容之一，Sullivan（2020）[5]指出，通过建立气候风险评估标准，绿色金融可以有效引导资金流动，减少气候变化对经济的潜在损害。

行为金融学对投资者的非理性行为进行了研究，认为投资者的心理和行为对金融市场有很大影响。在绿色金融的背景下，投资者的环境意识和行为偏好对资金流向起着重要作用。随着可持续发展理念的普及，越来越多的投资者开始关注企业的环境表现。Lins等（2017）[6]研究发现，具有社会责任感的投资者更倾向于投资于绿色项目，推动绿色金融的发展。在绿色金融市场中，信息不对称问题会影响投资者的决策。根据Roe等（2021）[7]的研究，建立透明的信息披露机制能够提高投资者对绿色金融工具的信任，从而促进绿色项目的融资。投资者的行为不仅受到经济利益的驱动，还受到社会认知和文化价值观的影响。Nguyen等（2022）[8]指出，社会舆论在推动绿色金融认知和行为转变中起到了重要作用，尤其是在年轻投资者中，更加强调可持续投资的观念。

可持续发展理论是绿色金融的理论基石，该理论强调在满足当代人需求的同时，不损害后代人满足其需求的能力。绿色金融的发展是实现经济、社会和环境可持续发展的重要途径。绿色金融与可持续发展之间关系的研究，早期以定性论述为主。于永达和郭沛源（2003）[9]指出，绿色金融对可持续发展具有促进作用。王卉彤和陈保启（2006）[10]进一步提出，发展绿色金融不仅可以推进金融部门的改革创新，还可以响应循环经济的政策导向。此外，随着"低碳"概念的提出，学者们开始关注绿色金融的细分领域，如"碳金融"。邓常春（2008）[11]认为绿色金融是低碳经济时代背景下，金融领域的改革创新，以期有效促进环境经济的协调可持续发展。后来出现了一些关于可持续金融的案例研究及很多报告性文献。这些文献都提出了绿色金融对绿色发展的作用，但并没有给出理论分析。理论研究方面，文献关注多外生给定的绿色金融政策，探讨绿色金融对经济周期与增长的影响。总体来说，此类研究仍未涉及绿色金融的内生机制。

带有环境约束的经济增长理论文献，是将绿色金融引入可持续发展内生机制的有效尝试。此后的研究主要在这些开创性研究的基础上加入各种因素，讨论不同因素对可持续增长的影响。到21世纪初，可持续增长理论已经取得比较丰富的研究成果（彭水军和包群，2006[12]）。刘锡良和文书洋（2019）[13]的可持续增长模型，考察了金融资源配置与环境污染和经济发展的关系。

二、绿色投资研究

绿色投资的兴起，在全球范围内得到越来越多的关注。Barbier（2010）[14]在其文章中指出，绿色经济的发展需要大量的绿色投资。他强调政府在推动绿色经济转型过程中的重要作用，特别是在提供政策支持和激励绿色投资方面。Stern（2007）[15]在其著名的《斯特恩报告》（Stern Review）中详细分析了气候变化对经济的影响，指出绿色投资可以成为应对气候变化挑战的重要手段之一。他强调绿色投资对于减缓气候变化和建设可持续经济体系的重要性。中国作为全球最大的碳排放国之一，正积极推动绿色投资发展。Zhang等（2020）[16]研究了中国对环保企业提供的金融支持，发现绿色金融对推动企业进行环保投资具有积极的作用。这表明，金融机构在绿色投资的发展中发挥了重要作用。

碳市场作为绿色投资的重要组成部分，已经得到全球范围内的发展。Fuss等（2019）[17]使用计量一般均衡模型（CGE），对扩大欧盟碳定价系统覆盖范围至交通和建筑领域的经济和环境影响进行了分析。他们发现，这一举措对减少温室气体排放和推动绿色投资发展具有积极影响。Capoor和Ambrosi（2008）[18]分析了碳市场的现状和趋势，发现碳交易对于激励企业减少碳排放、推动清洁技术和绿色投资的发展具有重要作用。

绿色信贷是指与环境保护和可持续发展相关的项目和活动所涉及的信贷业务，是绿色投资中的重要一种。绿色信贷不仅可以推动企业和个人采用更环保的生产方式和生活方式，而且可以促进金融机构实现可持续经营。在过去的几年里，绿色信贷在全球范围内得到广泛关注，并逐渐成为金融行业的一种新兴信贷模式。

首先，从文献中可以看到，许多学者对绿色信贷的定义和特点进行了详细的研究。例如，Alexandru N. Liviu（2018）[19]在其研究中指出，绿色信贷是指银行向环保项目提供融资，并在其贷款程序中考虑环境可持续性的信贷业务。该定义明确了绿色信贷与环保项目的紧密关联，同时突出了绿色信贷的特点是注重环境可持续性。同时，Gao等（2019）[20]在其研究中指出，绿色信贷是指金融机构在发放信贷时，对环境友好型项目给予优惠和支持的一种信贷形式。这一定义进一步强调了绿色信贷对环保项目的优惠性质。

其次，关于绿色信贷的影响因素也有相关文献进行了研究。例如，陈宇明（2020）[21]通过对绿色信贷市场的实证研究发现，环境政策、金融监管和社会认知水平是影响绿色信贷市场发展的重要因素。此外，曾莹莹（2019）[22]的研究也指出，金融机构内部的管理制度和风险评估体系也会对绿色信贷的发展产生影响。

最后，一些学者还对绿色信贷的发展现状和未来趋势进行了探讨。例如，钟明华（2017）[23]从国际比较的角度出发，分析了中国绿色信贷市场的发展状况，并提出促进中国绿色信贷市场健康发展的政策建议。

绿色债券也是绿色投资的重要组成部分，部分学者研究了其与普通债券之间的区别。根据Flammer（2021）[24]的研究，绿色债券可以被理解为专门用于环境可持续性项目的融资工具，其特征在于透明性和严格的资金使用规定。一些研究学者，如Zhang等（2020）[25]进一步强调，绿色债券的认证过程（如经第三方机构审核）是其关键特性之一，这确保了资金确实流向绿色项目。绿色债券与传统债券的主要区别，在于其融资用途的限定性和对环境效益的追求。Perkins（2020）[26]指出，绿色债券不仅提供财务回报，还带来社会和环境效益，这使其成为吸引社会责任投资者的重要工具。然而，绿色债券的流动性相对较低，这是由于市场尚在发展阶段，投资者对绿色债券的认可度尚不足（Baker and Wurgler，2022）[27]。

部分学者对绿色债券的影响进行了研究。根据Zhou 等（2023）[28]的研究，绿色债券的定价受多种因素影响，包括债务人的信用风险、市场利率以及投资者对环境风险的认知。研究表明，绿色债券通常会以较低的利率发行，这与其环境效益吸引了大量投资者有关。Cook等（2022）[29]指出，越来越多的机构投资者将环境、社会和治理（ESG）标准融入其投资决策过程中，这使得绿色债券成为ESG投资组合的重要组成部分。绿色债券有效地为各种绿色项目提供资金支持，推动了可再生能源和环保项目的发展。绿色债券的快速增长，也促使政策制定者更加重视绿色金融的发展。政府和监管机构在制定政策时，越来越多地考虑到绿色债券在促进可持续发展中的角色（Franssen，2021）[30]。

　　绿色基金是另一种重要投资工具，其供需关系受到广泛关注。Yu等（2021）[31]指出，政府政策的支持是提高绿色基金需求的重要因素。通过提供税收优惠、补贴以及其他政策激励，增强投资者对绿色项目的信心，从而促进绿色基金的需求增长。据王波等（2020）[32]的研究，随着环境问题意识的增强，越来越多的投资者开始重视社会责任投资（SRI）。这导致对绿色基金的需求显著上升，投资者更加倾向于将资金分配到可持续发展的项目中。杜俊青（2023）[33]指出，绿色项目的数量和质量直接影响绿色基金的供给。一方面，越多优质的绿色项目可以吸引更多基金的投资；另一方面，项目的环保效益需要得到有效验证，以增强投资者的信心。

　　绿色金融发展问题也是备受关注的研究焦点。尽管绿色金融在理论和实践中都取得了一定的进展，但其发展过程中仍存在一些问题。政策法规缺位、金融机构动力不足、产品体系不健全等，都是制约绿色金融发展的重要因素。杨小苹（2008）[34]分析了环保法律法规不够明晰、可操作性差以及地方保护主义对绿色金融发展的阻碍作用。资金往往集中于一些发达国家，发展中国家的绿色项目融资困难。这个问题的存在不仅影响了绿色项目的实施，也制约了可持续发展的进程。信息不对称是影响绿色金融市场效率的重要因素。许多潜在的绿色项目缺乏透明的信息披露，投资者难以评估其风险和收益。因此，提高项目的透明度和信息披露水平是实现可持续金融的重要一环。冯馨等（2017）[35]指出，金融机构需要加强对绿色项目的尽职调查，以降低信息不对称带来的风险。绿色金融的蓬勃发展，在一定程度上超出了现有金融监管的框架。当前，多数国家在绿色金融领域缺乏具体的监管政策和统一的标准，导致市场参与者在实施绿色项目时面临不确定性。因此，建立健全的绿色金融监管框架显得尤为重要。

在监管缺位的期间，市场出现了一些"绿色洗牌"现象，即一些企业或金融机构通过夸大其环保项目的绿色性来吸引投资。这种行为不仅损害了投资者的利益，也抑制了真正的绿色项目的发展。为了防止此类现象，必须加强对绿色金融产品的监管。同时，许多投资者对绿色金融的理解和认知仍然不足，导致他们在投资决策中，往往将短期收益放在首位，而忽视了长期的环境效益（Carney，2021）[36]。通过金融教育和投资者宣传提高公众对绿色金融的认识和重视程度，在此过程中显得尤为重要。

三、绿色金融的政策研究

在国际范围内，绿色金融政策的发展历程可以追溯至20世纪70年代的环境保护运动。联合国环境规划署（UNEP）在1972年成立，并于1992年在巴西里约热内卢召开的联合国环境与发展大会上通过了以可持续发展为核心的《21世纪议程》。在此背景下，国际社会开始探讨如何通过金融手段来支持环保和可持续发展。2008年金融危机后，G20国家开始正式推动"绿色金融"的议题。同时，国际金融机构也积极响应，制定了一系列绿色金融政策和标准。2015年，联合国召开可持续发展峰会，会上通过了《联合国可持续发展目标（SDGS）》。在此基础上，一些国际组织如欧洲投资银行和亚洲开发银行，相继制定相关的政策和标准，推动了绿色金融的国际合作和发展。

中国政府历来重视绿色金融政策的制定和执行。2016年，中国正式出台《关于构建绿色金融体系的指导意见》，并将"建立绿色金融体系"

纳入国家"十三五"规划。该文件提出一系列支持绿色金融发展的政策措施，包括完善绿色债券的相关规章制度，支持设立各类绿色发展基金，建立环境污染强制责任保险制度等。

理论层面上，姜再勇等（2017）[37]认为，政府可以通过税收补贴、信贷优惠等政策支持，鼓励企业进入绿色金融市场进行借贷交易，从而推动绿色金融市场的发展。此外，创新绿色金融产品，完善绿色金融体系也是重要的政策方向。任辉（2009）[38]提出，构建绿色金融体系应从树立绿色金融基本理念、加强法律体系建设、创新金融工具等方面入手。绿色金融政策的实施在一定程度上促进了环保产业发展，推动了可持续发展理念深入人心。同时，通过金融手段支持环保和低碳项目，有助于降低对环境的负面影响，提高资源利用效率。

国际上，许多发达国家在绿色金融领域积累了丰富的经验。例如，欧洲投资银行和世界银行等国际公共金融机构，在绿色债券市场的发展中起到了主导作用。2013年，国际金融公司等实体和联合利华等非金融公司发行了数十亿美元的绿色债券，显示出投资者对这种绿色金融产品的高度兴趣。这些国际经验，为我国绿色金融的发展提供了借鉴和启示。

绿色金融作为一种新兴的金融模式，对于促进环境保护和实现可持续发展具有重要意义。然而，绿色金融的发展仍面临诸多挑战，如政策法规的不健全、金融机构的动力不足、产品体系的不完善等。未来研究应重点关注以下三个方面：一是加强绿色金融的理论研究，明确其在经济发展中的作用和价值；二是推动绿色金融产品的创新和市场机制的完善，提高绿色金融的实践效益；三是借鉴国际经验，制定适合我国国情的绿色金融政策，促进绿色金融的健康发展。

第二章　国外主要经济体绿色金融发展概况

目前，全球对绿色发展的共识达到新高度，越来越多的发达经济体及新兴经济体通过推动绿色金融市场建设，构建绿色金融发展体系，为绿色企业及项目拓宽融资渠道，以此实现可持续发展的目标。当前，以欧美国家为代表的发达国家，在绿色金融政策制度、绿色金融工具等方面具备先发优势。本章通过文献调研和综合分析等方法，梳理全球主要经济体的绿色金融体系发展历程，总结提炼发展经验，以期为我国绿色金融的实践与探索提供借鉴，助力绿色低碳发展。

第一节　美国篇

美国的绿色金融发展模式，呈现出一种"自下而上"的市场驱动特征。相比于欧洲国家，美国联邦政府对绿色金融市场的干预较少，主要依靠各州政府、地方政府以及企业、组织和其他微观主体的积极推动，促进绿色金融的创新与发展。

一、政策层面

自20世纪70年代至今，美国联邦政府先后颁布几十部涉及水环境、大气污染、废物管理等有关环境保护的法律，包括《机动车燃料效益法》《资源保护与回收法》《环境质量改善法》等。这些法律为美国庞大的环境法体系搭建起基本框架，将经济手段和法律手段引入环境保护，为绿色金融的发展打下坚实的基础。其中，1980年，美国政府为解决"爱河事件"颁布的《综合环境反应赔偿及责任法》（超级基金法案），规定银行在环境责任上的可追溯性原则，贷款银行不仅需要承担当前环境影响的责任，还要为过去造成的污染行为负责。此举不仅推动了环境风险管理工具的创新，也标志着美国绿色金融制度的开端。

美国作为联邦制国家，各州政府拥有较大的独立立法权与行政执法权。各州政府也积极颁布生态环境保护的相关法律，以推动绿色金融的发展。其中，加利福尼亚州在环保和绿色金融立法方面走在了前列。1989年，加州颁布《综合废弃物管理法令》，以推动循环经济的发展。2006年，加州颁布《加利福尼亚州全球变暖解决方案法》，成为美国第一个从法律上约束自己实现减排目标的州。2010年，加州出台《限制二氧化碳排放总量管制与排放交易规定》，使其成为美国第一个利用市场机制遏制温室气体排放的地方政府。

为了推进绿色金融法律和政策的执行，美国建立了专门的绿色金融组织，包括全国性的环境金融中心、环境顾问委员会以及环境金融中心网络，以支持对绿色金融的推进与管理。

二、机构参与

美国的主流金融机构引入绿色金融较早，在发展过程中起到引领作用。1999年道琼斯推出道琼斯可持续发展指数，对上市公司的财务绩效和环境绩效同时进行考察；2003年美国花旗银行作为最早签署联合国环境声明和履行《赤道原则》的银行之一，在内部建立了多方参与的环境事务管理机制，促使美国银行在信贷风险相关的环境政策上进行了较早的实践；2006年高盛集团提出ESG投资理念，以绿色金融为核心，不断拓展绿色金融的外延，将公司治理与环境治理相结合。此后，美国的金融机构在绿色金融工具上不断推陈出新，绿色金融市场规模与活跃度与日俱增。

三、绿色金融工具

在政策的引导下，依托美国发达的金融体系和金融机构的推陈出新，美国绿色金融市场蓬勃发展，各类绿色金融工具日益丰富。

绿色债券。美国绿色债券发行量大、种类丰富、发行主体广泛，是全球绿色债券市场的"领头羊"。自2014年起至2022年第一季度止，美国共500家发行主体，累计发行绿色债券5531单，累计发行规模达3340亿美元，是全球最大的绿色债券发行国。目前，美国绿色债券市场有大量小型交易或分批交易，发行主体主要是市政发行人，绿色债券购买者多是国内散户或机构投资者。来自房利美（Fannie Mae）的绿色抵押支持证券（MBS）约占美国绿色债券总发行量的39%，若无此类债券，美国将落后于中国和法国。州政府支持部门和地方政府发行的绿色市政债券，约占总量的23%。

绿色信贷。相较于绿色债券，美国绿色信贷规模较小，不过其发行主体多样、种类齐全，既涵盖商业银行的绿色抵押贷款、绿色商业建筑贷款、绿色汽车贷款、绿色消费贷款等，也包括州立绿色银行或开发银行的各类绿色项目贷款。例如，商业建筑贷款方面，富国银行为LEED认证的节能商业建筑物提供第一次抵押贷款和再融资，如果符合要求，开发商不必为绿色商业建筑物支付初始保险费；运输贷款方面，美国银行面向货车公司推出小企业管理快速贷款，审批程序快，无须担保，条款灵活，支持货车公司投资节油技术；绿色银行方面，康涅狄格州、纽约州、加利福尼亚州、罗得岛州、马里兰州、夏威夷州等陆续开设绿色银行，广泛参与绿色融资计划，为绿色项目提供资金支持。

绿色保险。美国的环境责任保险体系已发展得相当成熟，截至2023年，美国约有40家保险公司提供各类环境保险产品，总年保费金额超过20亿美元。[①]美国的环境责任保险主要涵盖两大类：其一是针对有毒物质及废弃物处理企业可能造成的损害赔偿责任，实施强制性保险制度，即污染责任保险；其二是要求工程承包商、分包商以及设计咨询单位必须投保相应的环境污染责任保险，以获得工程合同资格，对应的险种为承包商污染责任险。这两类保险不仅在环境风险管理方面发挥了重要作用，还在不同程度上促进了相关行业的可持续发展。

碳市场。在碳定价机制方面，截至2024年，美国在国家层面没有征收碳税，且拜登政府认为碳税的概念具有政治风险，难以在美国国会获得通过，因此短期内美国在碳税方面很难取得较大进展。碳市场方面，区域温室气体倡议（Regional Greenhouse Gas Initiative，RGGI），是美国第一个以市场为基础的减少温室气体排放的监管计划。由于采取了具有强约束力的各方认可法规，其促进了碳交易市场价格稳定。作为全球首个完全以拍卖方式进行分配的排放交易体系，其要求各州必须将20%的配额用于公益事业，并预留5%投入碳基金，以取得额外的减排量。交易机制方面，一级市

---

① 李辰昕、毛倩：《美国绿色金融发展现状与中美绿色金融合作展望》，中央财经大学绿色金融国际研究院，2023年3月。

场主要以季度拍卖为主，二级市场主要进行碳配额及其金融衍生品交易。RGGI要求所有化石燃料发电超过25MW的发电企业都加入该体系，承担相应的碳减排责任。为了防止出现市场失灵的情况，RGGI对传统的市场运行规则进行了许多改进和创新，尤其是引入了两个"安全阈值"。第一个安全阈值用来解决初次分配导致碳价过高的问题。例如，在某个履约期的前14个月中，如果市场价格的滚动平均值持续12个月超过安全阈值，则延长该履约期。该规定保障市场有足够的时间来吸收初始分配造成的价格失效风险，逐渐调整到最优。第二个安全阈值用来解决供求关系严重失衡带来的风险。如果连续两次出现第一个安全阈值发生作用的情况，则说明碳配额供应严重不足。这时候，将允许碳减排量的来源范围从美国本土扩展到北美或其他国际交易市场，并将其使用上限提高到5%，在某些更严重的情况下可以提高到20%。从碳市场总体量来看，与欧盟排放交易体系相比，美国碳排放交易体系的交易体量与涵盖范围较小，尚有很大完善拓展的空间。

第二节　欧盟篇

欧盟是较早开展绿色金融实践的全球主要经济体之一，其在政策体系中，将发展可持续金融作为推动绿色转型的关键战略。目前，欧盟已构建起以分类标准、信息披露和金融工具为支柱的可持续金融政策框架，同时制定了2021—2030年动员10000亿欧元的可持续投资计划[1]。

---

[1] 孙雅雯：《解读中欧经贸高层对话——中欧绿色金融合作的基础、成果与前景》，中国社会科学院欧洲研究所，2023年10月。

一、政策层面

欧盟在绿色（可持续）金融领域内致力于构建一套支撑可持续投资与发展的金融体系，自上而下推进绿色金融的政策制定，通过密集的政策颁布释放发展绿色经济的坚定信号。在发展过程中将绿色金融的内涵不断外延，成为全球绿色金融实践的标杆之一①。

欧盟的绿色金融政策体系以《可持续发展融资行动计划》为指导性文件，目前已经构建了相对成熟的政策体系。欧洲可持续金融发展进程主要有以下几个重要节点。2015年，在联合国《巴黎协定》和《2030年可持续发展议程》的推动下，欧盟就2030年气候和能源目标达成一致，欧盟测算为实现这一目标，每年需要填补约1800亿欧元的投资缺口，金融领域将起到关键作用。2016年，根据绿色金融实践经验，欧盟委员会统筹成立高级别专家组和技术专家组，通过欧洲银行管理局（EBA）、欧洲证券和市场管理局（ESMA）以及欧洲保险和职业养老金局（EIOPA）三大金融监管机构协同推进可持续金融的框架建立。2018年，欧盟委员会发布《可持续发展融资行动计划》制订欧盟委员会的行动计划以及实施时间表，是欧盟可持续金融发展的路线图。同年，欧盟委员会技术专家组（TEG）成立，协助行动计划的推进。2019年，欧盟委员会技术专家组连续发布《欧盟可持续金融分类方案》《欧盟绿色债券标准》等报告。同年，欧盟委员会推出《欧洲绿色协议》（以下简称《协议》），搭建了欧洲绿色发展的总框架。2020年，欧洲证券和市场管理局发布《可持续金融战略》，揭示了可持续性是欧洲证券和市场监管局的主要目标，并制订了在其工作中实施环境、社会和治理（ESG）因素的计划。在可持续金融发展政策的指引下，欧盟依据

---

① 根据立鼎产业研究网《美国、欧盟、日本绿色金融业发展：在政策制度、金融工具等方面具备先发优势》。

政策制定的具体计划与时间表，整体推进可持续经济增长。

欧盟通过推行绿色金融标准，不断抢占全球绿色经济高地。2020年欧盟委员会技术专家组发布《可持续金融分类方案》和《绿色债券标准》，通过明确可持续活动的具体标准形成分类清单，设定技术筛选标准来识别环境目标的绿色经济活动，确保在可持续活动实践过程中满足最低限度的社会保障标准。与此同时，欧盟在绿色债券领域进行实践，率先授权绿色债券技术委员会在2018年为绿色债券独立审查制定认定标准，总结出欧盟官方的绿色金融产品标准，加大在绿色金融领域的话语权。

欧盟重视绿色环境相关的信息披露。上市公司披露方面，欧盟各国上市公司环境信息披露，多采用强制披露为主、自愿披露为辅的结合方式，并且已形成一套较为完善的上市公司环境信息披露制度，发布了生态环境管理和审核计划（EMAS）以及ISO14001环境管理体系认证。金融机构的披露方面，金融稳定理事会（FSB）于2015年12月成立气候相关财务信息披露工作组（TCED），TCFD于2017年6月发布TCFD框架，帮助投资人、贷款人和保险公司等金融机构对气候相关风险和机遇进行评估，以揭示气候因素对金融机构收入、支出以及投融资的影响。欧盟委员会制定了《非财务报告指南》（NFRD），就如何披露气候相关信息为企业提供进一步指导，可持续会计准则委员会（SASB）和气候披露标准委员会（CDSB）在其联合发布的《TCFD实施指南》中提出，将与TCFD框架保持一致，并持续对标。

在绿色金融市场监管层面，包括欧洲银行业管理局、欧洲证券和市场监管局与欧洲保险、职业养老金管理局三家欧洲的金融监管机构积极行动，推动欧盟可持续融资行动计划的实施。

二、绿色金融市场

欧盟的绿色金融市场是全球最发达的市场之一，尤其在绿色工具的使用上展现了多样性和复杂性。在这些工具中，绿色债券和碳市场尤为突出，它们不仅促进资金向可持续项目的流动，还引领全球绿色金融的创新和标准制定。

绿色债券。欧洲绿色债券市场，是全球成立最早、结构相对完善、监管制度和标准日益完备的市场。2007年，欧洲投资银行（EIB）发行全球首单绿色债券——气候意识债券（Climate Awareness Bond）。2021年，欧盟委员会发行120亿欧元绿色债券，用于支持和发展欧盟绿色经济和可持续投资。当年，绿色债券年发行量首次突破5000亿美元大关，较2020年增长75%，欧洲成为全球最大的绿色债券发行市场之一。欧洲也是最大的绿色专项投资来源地，成为全球重要的绿色债券投资人。气候债券倡议组织（CBI）报告显示，2022年欧盟以260亿美元成为全球绿色债券市场最大发行人，欧元连续5年成为最受欢迎的绿色债券计价货币。欧洲绿色债券为欧洲绿色低碳发展提供了资金支持，也为其他国家和地区制定和实施绿色债券标准提供了参考[①]。

碳市场。2005年，欧盟碳市场（European Union Emissions Trade System，EU ETS）正式启动，作为世界上首个和最成熟的碳市场，为各国碳市场的设计筹建提供了宝贵经验。EU ETS采用"基于总量"的调控方式，强调先通过政府控制在一级市场发行的配额总量来调节温室气体排放的总体水平，再让排放主体通过在二级市场买卖配额，实现对碳配额的市场定价，运用市场机制推动主体履行减排义务，实现减排目标。EU ETS的行业范

① 潘宏胜、李博、星焱等：《欧洲绿色债券市场发展的进展与启示》，《金融会计》2024年第2期。

围包含电力和热力生产、炼油、钢铁、建材、纸浆和造纸、航空、化工、石化、合成氨、电解铝等，是目前覆盖面最广的碳市场。EU ETS的碳金融基础产品为欧盟碳配额（European Union Allowance，EUA），随着发展也出现了欧洲航空碳排放配额EUAAs、各种合作机制下的核证减排量CERs（基于CDM）、减排单位ERUs（基于JI）等产品，以及相关期权、期货等衍生品。2022年，欧盟碳市场交易量92.77亿吨，约占国际碳市场交易总量的75%[①]。

第三节　法国篇

法国作为欧盟成员国，适用欧盟对于绿色金融的分类法案与相关规定。然而，法国在绿色金融立法和政策领域领先于欧盟，可以说，法国是欧盟绿色金融领域的"领头羊"之一。此外，法国将绿色金融作为未来经济可持续发展的重要领域，希望以此配合国内结构性改革，为法国经济增添新亮点。总体而言，法国一方面在国内推动建立绿色金融体系，另一方面努力将气候因素纳入全球金融体系的整体架构。

一、政策层面

在绿色金融相关政策方面，法国对ESG信息披露的起步时间和政策完善程度，均领先于其他国家。早在2001年，法国议会颁布了《新经济规制

---

① 刘粮、傅奕蕾、宋阳等：《国际经验推动我国碳金融市场成熟度建设的发展建议》，《西南金融》2024年第1期。

法案》（NRE法案），启动强制性财务外报告，要求所有在证券交易所上市的公司在其年度活动报告中必须考虑其活动的社会和环境后果，包括向空气中排放的温室气体。2015年出台《绿色增长能源转型法》，第173条明确要求上市公司、银行、信贷提供者以及机构投资者（包括资产所有者和投资经理）提高气候变化相关风险的披露与透明度，该法案还包括与气候相关财务信息披露工作组（TCFD）密切相关的措施，要求法国当局评估银行业的气候相关风险。这使得法国成为世界上第一个对金融机构提出ESG信息披露要求的主要经济体。

除了细分领域的各种立法，法国在绿色金融政策的顶层设计方面进行布局。2017年，法国发布了《法国绿色金融战略》，其主要方向是：（1）将气候相关风险纳入金融体系；（2）通过战略性地利用资源为法国的转型提供资金；（3）为发展中国家的转型提供资金；（4）巩固法国在绿色金融领域的领导地位。法国正在努力构建有关气候风险的金融监管体系。

在绿色金融监管方面，对于金融机构承诺而言，法国监管机构已明确将定期监控和评估金融机构在气候与可持续发展方面的承诺，并确保这些承诺与机构战略方向保持一致。在压力测试方面，审慎监管与处置局为保险公司和银行开发了有关二氧化碳的压力测试，以测试投资组合在一系列金融场景下的可能性损失。

二、绿色金融市场

依托欧盟排放交易体系和完善的ESG投融资政策体系，法国绿色金融市场发展迅速，发展较为完善。

绿色债券。法国绿色债券中，绿色国债占据主体。2017年，法国国库署（Agence France Trésor）发行首只绿色国债，初始发行规模为70亿欧元，利率为1.75%，期限为22年。以银团承购包销（syndication）方式发行，承购包销银团牵头机构为巴克莱银行、法国巴黎银行、法国农业信贷银行、摩根士丹利、法国外贸银行和法国兴业银行。所有国债一级交易商都参与了此次发行。该只债券是发达国家发行的第一只绿色国债，也是当时全球绿色债券市场上发行期限最长、规模最大的产品。法国因此成为世界上第一个发行基准规模（法国中长期国债基准规模为40亿～70亿欧元）绿色债券的国家，由此确认了其在2015年12月《巴黎协定》落实工作中的引领作用。2021年，法国成功发行第二只绿色国债（Green OAT 0.50% 25 June 2044），期限为23年，发行规模为70亿欧元。这两只绿色国债旨在为法国中央政府一般预算支出和未来投资计划（PIA）项下的支出提供资金，用于适应气候变化、减缓气候变化、保护生物多样性和防治污染。

绿色基金。随着环境和企业社会责任问题在投资中的重要性被逐渐认可，法国政府决定引入公共认证标签，为投资基金提供一套共同的标准。2015年，法国环境部规定，若某投资基金将超过50%的募集资金用于投资符合CBS（Climate Bonds Standard）标准的项目，该基金将被视作绿色投资，被授予"GreenFin"的绿色标签。它们共同为基金的管理过程及其对过渡的有效贡献提供了质量和透明度保证。截至目前，巴黎金融中心已成为社会责任投资（SRI）方面的独特枢纽，以可追溯的方式系统地整合治理、道德和社会标准。事实上，它目前正致力于开发尖端的金融工具和监管措施，以促进社会公平的生态转型、应对气候变化和保护生物多样性。

绿色保险。2021年，德国安联集团、法国安盛集团、意大利忠利保险等八家全球性保险和再保险公司成立"净零保险联盟"（Net-Zero Insurance Alliance，NZIA），以实现碳中和的共同目标，加速向净零排放经济过渡。联盟成员承诺到2050年将各自的承保组合转变为净零温室气体（GHG）排放，这与到2100年最高温度比工业化前水平高1.5℃目标一致。"净零保险联盟"由联合国环境规划署金融倡议召集，由安盛集团首席风险官主持。同时，在风险分散方面，法国安盛再保险公司也与联合国环境署合作，为小微企业提供气候风险应对策略和保险方案。

第四节　印度篇

目前，印度可持续金融市场缺乏健全的顶层设计，但在实践中，其绿色信贷已成规模，也已成为新兴市场中第二大绿色债券发行国。在融资端，印度将可再生能源纳入优先部门贷款，并以国家信用为支撑，以低于同期国债的利率发行了主权绿色债券。在投资端，印度以发布ESG框架、提升环境信息披露要求等方式，增加投资市场的确定性。此外，为获取前沿低碳技术、引入国际资金，印度积极参与众多双边及多边国际合作计划。

一、政策层面

2007年，印度央行发布《企业社会责任、可持续及非财务报告指引》，要求商业银行采取切实行动，助力应对气候变化和可持续发展，并在年度报告中披露相关信息[①]。2008年，印度政府出台《国家气候变化行动计划》，该计划包括多个子计划，专注于促进可持续农业、提高能效、保护自然资源和增加太阳能使用等领域，该计划为印度绿色金融构建了政策框架，推

---

① 周正韵、刘勤一、陈翰：《深化中国—印度绿色金融合作助推两国高质量经济发展》，中央财经大学绿色金融国际研究院，2022年3月。

动私人和公共资本流向这些关键领域。2011年，印度财政部成立气候变化金融部门（CCFU），负责协调绿色金融市场体系里的各个机构。2017年，印度证券交易委员会（SEBI）发布《绿色债券发行指南》，明确了绿色债券年度业务报告的披露要求。2020年，印度央行要求银行机构在年度报告中披露ESG信息，包括气候风险管理政策、可持续金融、社会责任履行、参与融资的绿色和社会项目。

2021年，印度央行宣布加入全球中央银行和监管机构绿色金融系统网络（NGFS），将生物多样性相关的风险因素纳入整个金融系统的风险评估。截至2022年，印度已有26个金融机构签署负责人投资原则（UNPRI），将环境、社会和公司治理因素纳入投资决策。2022年，印度央行要求总资产超过5000亿卢比的商业银行、城市合作银行以及非银行金融机构必须采用气候相关财务信息披露框架，开展气候和可持续发展相关信息披露。

二、绿色金融市场

绿色债券。印度是新兴市场中第二大绿色债券发行国，但规模与中国还存在较大差距，且近年来发行增速波动较大。截至2023年2月，印度已累计发行210亿美元绿色债券，募集资金主要用于能源转型领域。

绿色贷款。根据印度央行的报告数据，印度市场主要的34家公立银行、私人银行和外资银行均对外发放过绿色贷款。截至2020年3月，印度所有银行对新能源领域的信贷余额已达3654亿卢比（约合45亿美元）。

绿色基金。印度的ESG基金资产规模近年显著增长，到2022年3月达到1240亿卢比（约合15亿美元），是2019年3月统计的ESG基金规模的五倍多。同时，全球市场投向印度ESG基金规模近年来有较大提升。

碳市场。印度作为碳排放权交易体系中的重要发展中国家之一，正逐步推进其国家级碳市场的设立。根据印度政府的规划，将在2026年正式启动合规市场，该市场将涵盖所有最难以减少碳排放的行业。印度的碳市场提案初步包括了12个重点合规行业，目前的主要参与者包括炼油厂、氯碱生产企业、热电厂、钢铁和化肥生产商等，其他行业将以自愿形式参与。

转型金融工具。印度近年来也积极进行探索。2021年，印度的JSW钢铁公司发行了10亿美元可持续发展挂钩债券，其承诺目标是到2030年实现比2020年减少23%的温室气体排放。这类债券不仅有助于推动企业的绿色转型，还为金融市场中的环境、社会和治理（ESG）投资提供了新的契机。印度通过此类金融创新，不断尝试为其可持续发展目标筹集资金，显示出其在转型金融领域的初步进展。

第五节　俄罗斯篇

一、政策层面

俄罗斯制定了诸多推动绿色可持续发展的法律法规及战略构想。2018年，俄罗斯出台《2030年前生产与消费废物处理、利用与无害化产业发展战略》，确定该行业的国家政策目标和发展方略。同年批准清洁空气固体废物综合处理、贝加尔湖保护、森林保护等11项联邦项目。2019年，俄央行发布《俄罗斯绿色金融工具和社会责任投资项目发展方法体系的构想》，为绿色金融体系建设提出具体意见。同年，俄央行通过《证券发行标准条例》，规定绿色债券和社会债券的发行标准。同时，俄政府为绿色项目的实施和融资提供了一系列政策支持，包括特殊投资合同制度、政府补贴和税收优惠、绿色债券等。当年还通过《2022年前第一阶段适应气候变化的国家行动计划》，初步形成有具体指标的国家方案。2020年通过《2035年前俄罗斯联邦能源战略》，提出调整能源结构、加强能源领域科技创新、能源出口多元化等一系列措施。同年，俄对外经济银行在参考以上一系列文件的基础上，制定俄首份绿色金融发展指导意见，该文件经多次修订于2021年9月正式批准通过，俄罗斯绿色金融体系框架至此得以确立。

二、绿色金融工具

俄罗斯绿色金融以绿色债券为主要金融工具，绿色信贷、绿色基金、绿色保险等工具的运用十分有限，部分仍在规划发展当中。

绿色债券。绿色债券是俄罗斯最主要的绿色金融工具。2018年，俄罗斯废物处理公司（Resursosberezhenie KhMAO）发行首只俄罗斯绿色债券，用于可持续垃圾回收与处理。随后，俄罗斯铁路公司也于2019年发行5亿欧元的绿色债券，用于电动旅客列车的投资。同年，莫斯科交易所与俄罗斯联邦经济发展部合作设立可持续板块，为环境和社会可持续发展领域的项目提供资金。此板块由三部分组成：绿色债券、社会债券和国家项目，俄罗斯国内外公司均可在此板块发行债券。2019年11月，中心投资银行成为可持续板块的第一个发行人，发行2.5亿卢布（约合330万美元）绿色债券，用于能源效率和环保交通有关项目融资。从绿色债券发行主体来看，截至2021年底，涉及的主要行业是交通运输业，已发行绿色债券2282亿卢布，主要发行主体是俄罗斯铁路公司；紧随其后的是莫斯科市政府，绿色债券发行总额为700亿卢布，资金用于支持减少机动车二氧化碳和污染物排放的项目，用于电动公交车替换原有公交车及用于莫斯科地铁大环线的建设和老地铁站的修复；排在第三位的是金融业，为俄罗斯联邦储蓄银行发行的绿色债券。

绿色信贷。俄罗斯绿色信贷的出现晚于绿色债券。目前来看，俄银行业的绿色信贷业务发展还处于起步阶段，在银行的贷款组合中几乎没有绿色信贷产品，也没有关于俄银行绿色信贷数量和结构的系统性公开报告。在俄银行业市场绿色贷款，主要由外国银行的分支机构发放。其中，银行ING Bank（Europe）是荷兰国际集团在俄子公司。该银行与矿业公司Polymetal和采矿冶金公司Metalloinvest签订了两项与可持续发展目标相关的贷款协议。此外，该行还和法国外贸银行（Natixis）一起与俄罗斯铝业联合公司（RUSAI）进行了出口前银团融资交易和簿记管理，交易条款与可持续发展指标挂钩，为利用水电生产的低碳足迹铝的销售增长提供信贷资金。然而，目前还没有关于绿色信贷的标准化文件。为了提高这种金融工具的有效性和可行性，有必要进一步制定监管办法，加强非财务部分有关可持续性问题的信息披露。[①]

绿色保险。俄罗斯绿色保险发展的早期阶段，由于缺乏对环境影响记录的工业事故的必要统计数据，以及该国的经济和地理特征具有独特性，俄罗斯并未简单复制外国经验，而是制定了大量适用于环境保险目的的环境风险和经济损害评估程序和指南。如2016年，《俄罗斯联邦环境管理体系国家标准》生效，其与国际标准ISO 14001:2015《环境管理体系要求及使用指南》中环境风险措施和风险管理等内容保持一致。俄罗斯颁布的国家评价标准为组织制定、实施和支持环境管理的功能或改进提供了实用指南，为绿色保险涉及的环境风险识别、预测和控制等产品设计环节提供了国家性的依据。需要特别指出的是，目前俄罗斯绿色保险的实施，多应用在特定工业部门（主要是石油和天然气生产和炼油）和特定工业设施上。

---

① 武文青、葛新蓉：《俄罗斯绿色金融发展及中俄绿色金融合作展望》，《欧亚经济》2024年第2期。

这使得俄罗斯的相关企业除选择市场上的第三方投保机构外，还出现了自我保险的做法。如俄罗斯卢克石油公司（OAOLUKOIL）及其子公司设立储备保险基金，以应对未来受环境风险影响可能带来的损失，其保险费用在年度预算中作为一个单独项目进行分配。

碳市场。俄罗斯碳市场2021年才有所进展。2021年1月，俄罗斯经济发展部与俄罗斯库页岛地区政府合作，批准了最早于2022年建立试点碳交易体系的路线图。《库页岛地区温室气体排放专项治理试点实施路线图》启动碳交易试点体系建设，目标是到2025年东部地区实现碳中和。该路线图预计到2021年8月，将创建区域温室气体排放量和潜在清除量清单。库页岛位于俄罗斯远东地区，拥有丰富的化石燃料，多个油气田和两个液化天然气接收站。这是俄罗斯首次进行碳交易试点和区域性碳中和的先行区。该试点的运行经验，为俄罗斯全国的碳交易系统的落实和运行提供宝贵经验。

第六节　日本篇

日本在全球绿色金融领域处于领先地位，其在政策制定、绿色标准以及绿色金融工具实践中，与欧美国家存在一定的差别。

一、政策层面

日本没有一个全面的绿色金融体系的顶层设计，而是在细分领域提供了相应的指导性政策。绿色金融政策主要制定者为日本环境省（Ministry of Environment，MOEJ）、经 济 产 业 省（Ministry of Economic，Trade，and Industry，METI）、金融厅（Financial Service Agency，FSA）和内阁府（Cabinet Office，CAO），其中经济产业省和环境省的参与度最高。外务省（Ministry of Foreign Affairs of Japan，MOFA）和国际协力机构（Japan International Cooperation Agency，JICA）等部委，也在一定程度上参与日本气候投融资政策决策过程。经济产业省专注能源和产业政策，而环境省主要负责气候变化相关政策。各中央省厅负责与其领域相关政策的制定，将绿色金融的概念与自身职责相结合。

日本在绿色项目的标准以及企业环境信息披露上相对宽松。一方面，日本将绿色金融定义为"为低碳活动提供资金的金融活动"，金融产品和项目不能简单归类为"绿色"和"非绿色"项目，促使产业转型和创新型的项目在类别划分时也可以考虑归为"绿色"项目。另一方面，日本各级政府都出台了相应的环境信息披露指导文件，但主要是鼓励和引导企业进行环境评估，并不具备强制性。东京证券交易所也采用宽松的"提交或解释"原则，拒绝提交环境评估的上市公司给出具体解释即可。

截至2021年，日本共计颁布40余条与绿色金融相关的政策，值得注意的是，与欧美国家不同的是，日本颁布政策都遵守"自愿性原则"，并非强制性规定。这种自愿性政策设计旨在鼓励企业和金融机构自主选择适合自身发展的绿色金融路径，在市场中形成良性的竞争和创新氛围，推动日本整体绿色金融市场的健康发展。

二、绿色金融市场

在2021年6月的七国集团（G7）峰会上，时任日本首相菅义伟宣布日本未来五年内将在气候投融资政策领域注入6.5万亿日元（约合3800亿元人民币），体现出日本发展绿色金融的决心。

绿色债券。日本是亚洲第二大绿色债券发行国。2014—2020年，日本累计发行绿色债券22158.6亿日元。2020年，日本新发行的绿色债券规模达4680亿日元。随着绿色债券市场的发展，日本国内对绿色债券的需求也在不断提升。2019年，日本绿色债券的主导发行货币第一次从欧元变成日元，体现出国内绿色债券需求的增加。据法国巴黎银行日本总部的首席信贷分析师Mana Nakazora预计，总量为60万亿日元的日本企业债券市场中将会有20%为绿色债券和ESG资产。除了发行量大，日本绿色债券的标准化程度也较高。2019年，有60%的日本绿色债券接受过第三方认证，21%有至少一个绿色债券评级，8%具备气候债券协议（Climate Bond Initiative）的绿色债券认证。虽然日本还没有发行国家绿色债券，但是日本国有控股企业和机构是绿色债券的主要发行人。目前，日本最大的绿色债券发行者包括日本市政金融组织、日本发展银行、三菱日联金融集团和铁道运输机构。值得注意的是，日本的绿色债券市场近年来发展迅猛，2020年，日本的绿色债券总发行量为6000亿日元，相比2019年翻了一番。

绿色保险。由于日本自然灾害频发，日本的地震保险、火灾保险和巨灾保险制度非常成熟。其中，日本的地震保险制度是政府与市场合作的模式，由政府出资的日本地震再保险株式会社（JER）与保险公司共摊承保风险。2019年，因为台风灾难，环境保险支付超过1兆日元。作为可持续保险监管机构论坛（SIF）的一员，日本金融厅在发表的管理职责条例（Stewardship Code）中要求保险机构将环境和可持续发展因素考虑到业务运行的流程中。截至2020年10月，日本的95家保险公司中有23家签署了日本金融厅发布的管理职责条例，3家签署了联合国可持续保险原则。

绿色基金。随着可持续发展概念的普及，日本可持续基金发展迅速。2016—2018年，可持续投资资产增长了307%。彭博数据显示，日本占据了亚洲ESG股票型基金市场的80%资产并主导了亚洲最大的ESG公募基金。日本的公有基金是绿色金融的最大支持者。作为世界上最大的公共退休金基金，日本政府养老金投资基金（GPIF）目前共购买了6.5万亿日元（约3800亿人民币）绿色债券和社会债券，并重仓一系列日本ESG指数，如FTSE Blossom Japan指数。由于投资金额大，GPIF的投资决定对日本上市企业影响非常大。除此之外，GPIF明确要求所有基金经理使用ESG评估方法进行投资。另一主要绿色基金是成立于2013年的日本绿色基金（Japan Green Fund）。该基金的主要资金来源是碳税和其他环境税，目标在于通过清洁能源投资吸引社会资本的加入。2020年12月，日本首相菅义伟宣布将为日本绿色基金注资2万亿日元（约合1200亿元人民币），以资助绿色经济复苏。

碳市场。日本全国统一的碳排放交易系统（ETS）还在探索的阶段。目前，日本拥有两个区域碳排放交易系统（东京ETS和埼玉ETS），以及一个以自愿为原则的高科技碳减排补贴项目。两个区域ETS是互通的，其中东京ETS覆盖了11.93吨的二氧化碳排放量，埼玉ETS覆盖了6.6吨的二氧化碳排放量。为了鼓励创新和增加社会参与度，日本政府成立了一个与ETS相配套的碳额度交易机制J-Credit。通过这个机制，实现碳减排的公司可以将经过第三方认证的数据提交给经济产业省、环境省或农林渔业省，从而获得可以拍卖和协商交易的碳额度。2020年，平均碳额度价格为1473~1851日元（合86~108元人民币）。这项机制预计在2030年共节约13吨二氧化碳。

第七节　绿色金融发展的国际经验借鉴

一、完善绿色金融分类标准

欧盟通过《可持续金融分类方案》和《绿色债券标准》，为绿色金融定义了具体的技术筛选标准，明确了可持续活动的范围和最低社会保障要求。这一分类体系不仅提供了清晰的准则，还增强了市场的可操作性和投资者的信任度。中国可以借鉴欧盟的标准化方法，建立覆盖各行业的绿色金融分类体系，为绿色债券和绿色贷款的发行提供统一标准。通过推动标准的建立与推广，中国可以在国际绿色金融市场中提升透明度，减少因标准不一致带来的投资壁垒，从而吸引更多国际资本。

二、促进市场透明度和信息披露

美国的《绿色债券原则》倡导发行方在绿色金融产品的信息披露中，严格记录资金用途、项目预期的环境影响及其进展。这一措施为绿色金融产品的透明度提供了保障，降低了"漂绿"风险，并帮助投资者对项目的可持续性作出合理判断。中国可以借鉴这一自愿性信息披露制度，制定更严格的信息披露标准，以确保项目的环保效益。透明度的提升不仅有助于吸引国际投资者，还能加强公众对绿色金融的信任感，为进一步发展绿色经济奠定基础。

三、支持创新型绿色金融产品开发

英国和法国通过推出绿色债券、可持续发展挂钩债券等工具，极大地推动了绿色项目融资的发展。以英国为例，绿色金融产品不仅包括传统的绿色债券，还包括为特定目标设计的挂钩债券，使得投资与环境绩效直接挂钩。中国在推进绿色金融创新时，可以通过政策鼓励、市场激励等手段，支持本土企业开发多样化的绿色金融产品，增强市场竞争力。这类创新型产品的推出可以满足投资者多元化的需求，为环保企业的低碳转型提供有力的资金支持。

四、强化政府与市场协同机制

欧盟的绿色金融发展得益于政府的积极引导和政策支持，通过设立跨部门的绿色金融专家组和技术委员会，确保绿色金融政策的实施效果。中国可以借鉴欧盟的政府—市场协同机制，成立专门的绿色金融监管机构和技术指导小组，明确绿色金融发展方向和政策细则。同时，通过政府对市场的引导作用，推动金融机构、企业、监管机构形成协同机制，确保绿色金融市场的稳定运行和良性发展。

五、兼顾国际责任与本国国情

应对气候变化已成为全球共识，各国在经济发展和环境保护的双重压力下，推动绿色金融以实现经济社会的可持续发展。绿色金融通过市场机制，将资源引向绿色生产和生活方式，鼓励市场主体进行绿色转型。然而，各国在实施应对气候变化的措施时，社会经济影响不可忽视。减缓和适应气候变化的政策会对某些行业的就业产生影响。例如，低碳化能源转型能够催生新兴行业的就业机会，但传统化石能源行业则可能面临就业减少、收入下降的挑战。在此背景下，推动绿色金融发展既要考虑国际责任，也需结合本国实际情况。

六、加强国际绿色金融合作

应对全球气候变化，需要各国的共同努力和资源整合。在绿色金融领域，国际合作有助于制定统一标准，减少贸易和投资壁垒。美国和欧盟在绿色金融标准、信息披露和可持续发展目标方面，已建立多个国际合作平台。中国可以借鉴这些经验，积极参与全球绿色金融标准的制定，并推动国内金融机构参与国际绿色金融市场，从而提升在全球气候治理中的话语权。通过开展国际合作，中国不仅可以获得更多绿色技术和资金支持，还能够与其他国家共同推动全球碳中和目标的实现。

第三章　绿色金融在中国的发展历程

改革开放以来，中国在实现经济快速发展的同时，粗放型经济增长方式与资源环境承载力之间的矛盾逐步凸显，污染防治、环境保护成为金融服务的重点。随着我国将绿色发展理念逐步融入经济社会的高质量发展，绿色金融应运而生。当前，中国已发展成为全球绿色金融的重要倡导者和引领者，为加速绿色金融国际主流化进程和全球绿色金融治理做出了卓越贡献。回顾中国绿色金融的发展历程，大致可分为三个阶段。

第一节　探索起步阶段（1995—2006年）

这一阶段，我国尚未明确提出绿色金融及相关概念，但绿色投资、绿色信贷等产品相继起步，金融工具在污染防治、环境保护方面的作用已经凸显。2005年《国务院关于落实科学发展观加强环境保护的决定》（以下简称《决定》）出台，环境保护成为经济社会协调发展的重要任务，对加快发展绿色金融提出了需求。同年8月，时任浙江省委书记习近平同志在浙江安吉考察时，提出"绿水青山就是金山银山"，这一科学论断为绿色金融发展奠定了思想共识。

国家政策制定。1995年，中国人民银行和原国家环保总局分别发布《关于贯彻信贷政策与加强环境保护工作有关问题的通知》《关于运用信贷政策促进环境保护工作的通知》，在环境保护中引入"区别对待"的信贷政策。中国"十五规划"（2000—2005年）中已有环境保护的篇章，并提出了主要污染物排放总量比2000年减少10%的目标（尽管该目标并未完成）。

监管政策完善。1995年，中国人民银行颁布《关于贯彻信贷政策与加强环境保护工作有关问题的通知》，第一次将金融机构信贷工作与环境保护结合起来，把环境保护和污染防治纳入银行授信决策因素。2003年，原国家环保总局发布《关于企业环境信息公开的公告》，要求重点污染企业披露5类环境信息，至此，中国ESG信息披露体系建设有了雏形。

金融市场参与。2000年成立的青云创投，是一家源于清华大学的风险投资基金管理公司，也是中国绿色产业股权投资的先锋。2002年，该公司设立中国最早的绿色股权投资基金——"中国环保基金"，由青云创投管理，香港LESS公司等国际投资机构出资，初始规模为1000万美元。该基金主要投资污水处理行业，反映了21世纪初中国加强水污染治理的政策导向。至2004年，青云创投又设立"中国环保基金2004"，进一步扩大其在绿色投资领域的影响力。

绿色信贷政策建立。2006年，中国银行业监督委员会发布《关于继续深入贯彻落实国家宏观调控措施切实加强信贷管理的通知》，明确对高污染类和高耗能类企业采取差异化的贷款政策，从金融资源配给方面严格控制企业的污染行为。自2006年起，中国逐步出台有关绿色信贷的政策性文件，尝试建立绿色金融政策体系。兴业银行作为我国第一个开展绿色金融业务的商业银行，于2006年发放第一笔绿色贷款，积极响应中央政策的同时，为其他金融机构开展绿色业务起了很好的示范作用。

绿色保险改革。2006年，国务院发布《关于保险业改革发展的若干意见》（简称"国十条"），使得巨灾保险重新进入大众视野，第一次提出采取市场运作、政策引导、政府推动、立法强制等方式，发展环境污染责任等保险业务。

上市公司ESG环境信息披露开展。我国对ESG的系统发展相对较晚，深圳证券交易所和上海证券交易所分别于2006年和2008年提出上市公司要定期发布社会责任报告，并规定报告中应披露公司在促进社会、环境以及经济可持续发展方面的举措。2007年，原国家环境保护总局发布《环境信息公开办法（试行）》，明确强制公开环境信息的标准。

第二节　规范发展阶段（2007—2015年）

此阶段，中国正式对国际社会做出减排降碳承诺。党的十八届五中全会提出创新、协调、绿色、开放、共享的新发展理念，绿色被视为经济社会高质量发展的基础，绿色金融的重点也从防治污染逐渐转向强调人与自然的和谐共生。绿色信贷市场在各种激励政策下发展规模逐步壮大，绿色债券、绿色基金、绿色保险等绿色金融产品相继推出，碳排放权交易试点正式启动，绿色金融市场体系逐步由单一化向多维化、规范化发展。

做出国际承诺明确降碳目标。随着全球对气候变化的日益重视，2009年11月，在联合国哥本哈根气候大会前夕，中国政府首次正式承诺温室气体排放控制目标——将2020年单位国内生产总值的二氧化碳排放量相比2005年降低40%~45%。继"十一五"规划（2006—2010年）对节能减排与环境保护的重视程度显著提高，"十二五"规划明确"单位国内生产总值能源消耗降低16%，单位国内生产总值二氧化碳排放降低17%"的目标。随后又出台《"十二五"节能减排综合性工作方案》和《节能减排"十二五"规划》。2012年，党的十八大将生态文明建设纳入建设中国特色社会主义"五位一体"总体布局，明确提出大力推进生态文明建设，努力建设美丽中国。

绿色信贷体系逐渐规范。2007年，原国家环境保护总局、中国人民银行、原中国银行业监督管理委员会联合发布《关于落实环境保护政策法规防范信贷风险的意见》，中国银行业监督委员会制定《节能减排授信工作指导意见》，正式引入绿色信贷概念。2012年，原中国银监会颁布《绿色信贷指引》，这是国内首个专门针对金融机构开展绿色信贷业务的规范性文件，详细规定了绿色信贷的标准和实施细则。同年，原银监会发布《银行业金融机构绩效考核监管指引》，要求在绩效考评中设置社会责任类指标。2013年，原银监会发布《关于绿色信贷工作的意见》，要求各银监局和银行业金融机构融入绿色信贷理念，并制定《绿色信贷统计制度》，明确要求银行对涉及环境和安全的重大风险企业贷款及节能环保项目贷款进行统计。2014年，原银监会下发《绿色信贷实施情况关键评价指标》，进一步细化和增强了绿色信贷绩效指标的可评价性和可操作性。2015年，原银监会发布《关于下发绿色信贷实施情况自评价两个模板的通知》，制定了详细的评价报告和关键指标填报模板。这表明，绿色信贷在我国的发展已经步入相对成熟的阶段。

政府多部门联合推动绿色金融发展。2007年，《关于防范和控制高耗能高污染行业贷款风险的通知》进一步使绿色金融政策的制定规范化、细致化、科学化，不仅强调提高污染企业的融资门槛，而且试探性使用金融工具发展绿色企业。随后，多部门合作治理污染的组合拳层层叠现，原国家环保总局出台《关于进一步规范重污染行业生产经营公司申请上市或再融资环境保护核查工作的通知》，通过环保核查对微观污染企业主体上市融资准入条件进行严格审核，从证券市场的融资渠道入手进一步严格要求筹资标准。

碳市场试点建设正式启动。2011年10月，国家发展和改革委员会颁布《关于开展碳排放权交易试点工作的通知》，正式开展碳排放权交易试点，批准在"北京市、天津市、上海市、重庆市、湖北省、广东省和深圳市开展碳排放权交易试点"，标志着碳市场试点建设正式启动。

银行等金融机构在绿色金融领域稳步推进，产品与服务持续增多。在监管政策的推动下，进入绿色金融市场的银行开始增多。在国际金融组织（IFC）的协助下，2008年，兴业银行承诺采纳国际绿色金融领域的黄金标准——赤道原则，成为中国首家采纳赤道原则的金融机构，并按照赤道原则提供的方法、框架和工具，逐步建立和完善该行的环境与社会风险管理体系。随后，国家开发银行、中国工商银行、浦发银行等银行相继进入绿色金融市场。2013年，中国29家主要银行（涵盖政策性银行、大型银行和全国性股份制商业银行等）发布《中国银行业绿色信贷共同承诺》，表示将加大对绿色信贷的投入。银行支持绿色项目的范围也逐步扩大，从能效项目、新能源和可再生能源项目，扩大到污水处理、水域治理、二氧化硫减排、固体废弃物的处理和利用等领域[1]。同时，绿色金融产品逐渐丰富，

---

[1] 钱立华：《中国绿色金融的演进与发展》，《中国银行业》2018年第2期。

推出针对国际碳交易的碳金融产品（如碳资产质押贷款、碳保理、碳交易撮合服务、CDM项目融资等），以及针对国内排污权的排污权抵押贷款等产品。

绿色债券开启初步建设。2015年7月，我国第一只绿色债券成功发行。2015年12月，中国人民银行出台《关于在银行间债券市场发行绿色金融债券有关事宜公告》，并配套发布《绿色债券支持项目目录》，对绿色金融债券的发行进行引导，自上而下建立绿色债券的规范与政策，中国的绿色债券市场正式启动。2015年12月31日，发改委发布《绿色债券发行指引》；随后，2016年3月、4月，上交所和深交所分别发布《关于开展绿色公司债券试点的通知》；2017年3月，中国银行间市场交易商协会发布《非金融企业绿色债务融资工具业务指引》，至此，绿色债券的相关政策实现了债券市场的全覆盖。

绿色保险体系初步形成。中国的环境污染责任保险试点，起步于2007年。到2013年，原环境保护部与原保监会联合印发《关于开展环境污染强制责任保险试点工作的指导意见》，这是对五年试点经验的总结和未来方向的指导，特别针对重金属、石化、化工等高环境风险行业。2014年8月，国务院推出《关于加快发展现代保险服务业的若干意见》（简称"新国十条"），强调政府引导、市场运作和立法保障相结合的发展模式，并指出环境污染、食品安全等领域为责任保险发展的重点，同时探索强制责任保险试点。至此，以环境污染责任保险为主体的国内绿色保险政策体系已初步形成，为绿色发展提供了重要的保障与推动力。

绿色基金层面。我国绿色基金市场起步相对于世界其他国家较晚，这一阶段关于绿色股权投资基金的具体政策文件相对较少，通常散见于相关产业政策、经济发展规划以及绿色金融等相关文件中。在证监会层面上，除了基金业协会发布的《绿色投资指引（试行）》和《基金管理人绿色投资自评估报告框架的建议》，涉及绿色股权投资的具体规定相对较少。2011年，《国务院关于加强环境保护重点工作的意见》明确提出，鼓励设立环保产业发展基金，从多渠道拓宽环保产业的融资渠道。

第三节　提质增速阶段（2016年至今）

这一阶段的显著特征是中国开展绿色金融顶层政策设计，成为全球首个在最高国家战略级别文件中明确绿色金融体系的国家。2020年9月22日，习近平主席在第七十五届联合国大会一般性辩论上表示，中国将提高国家自主贡献力度，采取更加有力的政策和措施，二氧化碳的碳排放力争于2030年前达到峰值，努力争取到2060年前实现"碳中和"。绿色金融发展进入提质增速阶段。

绿色金融的顶层设计和政策体系逐步完善。2015年9月，中共中央、国务院印发《生态文明体制改革总体方案》，首次提出建立中国绿色金融体系的顶层设计。2016年3月，《"十三五"规划纲要》明确提出"建立绿色金融体系，发展绿色信贷、绿色证券，建立绿色发展基金"，充分说明中国将绿色金融体系制度的建设上升为国家战略。2016年8月底，中国人民银行、财政部等七部委联合发布全球首部由政府主导的绿色金融政策框架《关于构建绿色金融体系的指导意见》（以下简称《指导意见》），明确我国绿色金融的定义，提出大力发展绿色信贷、推动证券市场支持绿色投资、设立绿色发展基金等八大举措，标志着我国绿色金融顶层框架体系的建立，我国成为全球首个建立了比较完整的绿色金融政策体系的国家。2017年，党的十九大报告指出："构建市场导向的绿色技术创新体系，发展绿色金融，壮大节能环保产业、清洁生产产业、清洁能源产业。推进能源生产和消费革命，构建清洁低碳、安全高效的能源体系。"为大力发展绿色金融、实现绿色发展指明了方向。2019年，国家发改委、工业和信息化部等七部门联合发布《绿色产业指导目录（2019年版）》（以下简称《目录》）。《目录》将绿色产业分为六大类并逐一编制相关解释说明，为绿色产业分类提供了统一的政策依据。此后，我国又先后出台一系列政策举措，不断加快健全完善绿色金融体系，不断填补绿色金融体系的制度空白。

绿色金融标准体系稳步推进。从2017年开始，中国加强了绿色金融标准化建设的工作。中国人民银行、原银监会、国家标准化管理委员会等部门联合发布《金融业标准化体系建设发展规划（2016—2020年）》，将绿色金融标准化建设作为"十三五"时期金融业标准化的重点工程。尽管此前已有一些探索，但依然存在差距。为填补这些差距，中国人民银行领导成立了绿色金融标准工作组，并陆续印发相关任务分工和工作要点。2018年，工作组的首次全体会议确定了绿色金融标准体系的基本框架和六大类标准。随着2019年和2020年中国人民银行和原银保监会统计制度的升级，绿色债券标准建设也取得显著进展。2021年，中共中央、国务院发布的《关于完整准确全面贯彻新发展理念做好碳达峰碳中和工作的意见》进一步强调了建立健全绿色金融标准体系的重要性，推动科学有效的绿色金融激励机制形成。在绿色金融机构的评价标准方面，根据原银保监会的指导，中国银行业协会和中国人民银行分别发布《中国银行业绿色银行评价实施方案》和《银行业存款类金融机构绿色信贷业绩评价方案（试行）》。前者侧重于银行绿色金融业务发展的过程评价，主要采用定性指标；后者重视业务结果评价，主要以定量指标为主。这些措施表明，中国正致力于构建统一、国际接轨、清晰可执行的绿色金融标准体系。

绿色金融产品不断创新。一是绿色债券产品。自2015年底中国绿色债券制度发布以来，绿色金融债券迅速发展。2016年1月，兴业银行和浦发银行率先在国内市场发行绿色金融债，随后中国银行、国家开发银行和工商银行等相继在国内外市场推出绿色债券。同年，中国绿色债券总发行量约为2052亿元人民币，其中银行类金融机构占据了超60%的市场份额，成为推动绿色金融的主力。二是绿色国际转贷产品。2016年，华夏银行成功申请世界银行京津冀大气污染防治融资创新转贷项目，作为国内唯一合作银行，与世界银行共同提供资金，为京津冀区域能效、可再生能源、污染防控领域提供项目融资，预计总投资额超100亿元人民币。三是绿色信贷资产证券化产品。2017年12月，中国农业银行发行首期绿色信贷资产支持证券。预计随着中国银行业绿色信贷资产的不断增长，未来，越来越多的银行将加入绿色信贷资产支持证券的发行行列，绿色信贷资产证券化业务将成为银行的常态化业务。

绿色金融改革创新试验成效显著。2017年6月，国务院常务会议决定，在浙江、江西、广东、贵州、新疆5省（区）选择部分地方，建设各有侧重、各具特色的绿色金融改革创新试验区，旨在部分省市进行改革试验的基础上，在体制机制上探索可复制可推广的经验，为全国发展绿色金融提供借鉴。在第一批"五省（区）八地"基础上，2019年12月，国家批准在甘肃兰州新区设立绿色金融改革创新试验区，2022年8月批准设立重庆绿色金融改革创新试验区。

其中，浙江省湖州市作为全国绿色金融改革创新试验区之一，其在地方绿色金融建设方面取得突出成效，逐步形成具有区域特色的"湖州经验"。这一经验不仅体现了顶层设计与基层创新的有效结合，也展示了政府引导与市场驱动并存的绿色金融发展模式。通过多维度的策略实施，湖州成功地将绿色金融转化为促进地区经济绿色转型和可持续发展的重要工具。

在推动绿色金融改革的过程中，湖州遵循了三方面的工作准则：一是顶层设计与基层创新的结合，利用国家框架和地方实际创新相结合的方式推进；二是有为政府与有效市场的结合，区分政府与市场在绿色金融中的角色，使政府专注于机制和政策建设，而市场则负责具体的金融产品与服务；三是产业转型与金融发展的结合，通过产业政策和金融政策的联动，引导金融资源支持绿色发展。

湖州还积极融入国际绿色金融网络，通过承办多个国际会议和在国际绿色金融会议中介绍"湖州经验"，增强其在国际绿色金融领域的话语权和影响力。此外，湖州在实施绿色金融政策上采取了创新措施，比如建立全国首个区域性融资主体ESG评价模型，动态评估企业的绿色表现，并利用金融科技实现企业ESG评价的自动化和全量化。同时，湖州银行等地方金融机构积极参与国际金融市场，通过与亚洲开发银行、新开发银行等国际金融组织合作，获取低成本资金，支持地方低碳转型和生态环境保护项目，有效促进湖州的绿色、低碳、可持续发展。

地方银行助力绿色金融。例如，北京银行定位于服务中小企业绿色金融需求，发行了绿色金融债券；江苏银行宣布采纳赤道原则，成为中国大陆首家采纳赤道原则的城市商业银行，同时成立了绿色金融及PPP事业部，开展绿色金融产品创新；湖州银行、安吉农商行等也开始建立绿色金融专营机构，开展绿色金融业务。青岛银行等地方法人银行也开始尝试发行绿色金融债券，支持绿色金融业务发展。值得关注的是，IFC正在启动一个创新框架，帮助中国一部分商业银行转型成为以绿色金融为主营业务的绿色商业银行。中国马鞍山农商行成为首个采用该框架的合作伙伴，计划逐步实现"绿色信贷占比达60%"等框架标准。相信未来会有越来越多的地方法人银行将绿色金融作为其差异化的竞争战略，在推动中国绿色发展进程的同时，实现自身的可持续发展。

中国碳市场稳步推进并成为全球最大碳交易市场。2017年底，全国碳市场完成总体设计并正式启动，选取发电行业作为突破口，以《全国碳排放权交易市场建设方案（发电行业）》为基础，逐步实施。2021年7月，全国碳市场启动上线交易，首批纳入2162家发电企业，首年覆盖排放量超45亿吨。同年，中国积极响应《巴黎协定》，推出碳达峰和碳中和的"1+N"政策体系，制定中长期温室气体排放控制战略，编制并实施国家适应气候变化战略。2024年1月，全国温室气体自愿减排交易市场正式启动。5月1日，具有里程碑意义的《碳排放权交易管理暂行条例》正式实施，标志着中国首次以行政法规的形式明确了碳排放权市场交易制度。截至2024年2月，全国碳市场已经顺利完成两个履约周期，年覆盖二氧化碳排放约51亿吨，成为全球覆盖温室气体排放量最大的碳市场。同时，我国建立了完善的基础设施支撑体系，包括全国碳市场信息网、注册登记及交易机构，以及三个核心系统，显著提高了碳排放权核算和管理能力。

ESG相关政策发展逐步完善。2016年，中国人民银行、财政部、发展和改革委员会等部门联合印发了《关于构建绿色金融体系的指导意见》，其中明确提出"逐步建立和完善上市公司和发债企业强制性环境信息披露制度""加大对伪造环境信息的上市公司和发债企业的惩罚力度"。2019年12月，香港交易及结算所有限公司（港交所）全资附属公司香港联合交易所有限公司官网发布公告，披露《ESG报告指引》，将披露建议全面调整为"不披露就解释"，持续提升对在港上市公司的ESG信息披露要求。2020年12月，《上海证券交易所科创板股票上市规则》规定上市公司应当在年度报告中披露履行社会责任的情况，并视情况编制和披露社会责任报告、可持续发展报告、环境责任报告等。2022年6月，原银保监会印发《银行业保险业绿色金融指引》，将银行业保险业发展绿色金融上升到战略层面，同时提出银行业保险业应将环境、社会、治理（ESG）要求纳入管理流程和全面风险管理体系，被视为中国绿色金融发展的重要里程碑。

国际合作取得显著进展。2015年，中国人民银行和联合国环境规划署发布主题为"构建中国绿色金融体系"的研究报告，涵盖专业绿色投资机构的培养、财政和金融政策支持等方向，包括发展绿色债券等14个绿色金融相关的话题。2016年，原中国银监会在G20杭州峰会上发挥了重要作用，引领形成了全球范围内的绿色金融共识。2017年，中国人民银行发起了央行与监管机构绿色金融网络（NGFS），旨在推动全球央行与监管机构间的绿色金融合作。2018年，中国金融学会联合伦敦金融城发布了针对"一带一路"倡议的绿色投资原则（GIP）。2021年，中欧双方加快了绿色金融共同标准的研究与制定。在国际合作方面，我国银行和保险机构积极响应，采纳了"赤道原则"和联合国《负责任银行原则》（PRB）等国际准则，积极开展跨境投融资合作，支持绿色低碳企业的国际扩展。目前，包括兴业银行、江苏银行在内的7家银行机构已将"赤道原则"作为国际金融业务的准则，中国工商银行、青岛农商行等14家银行机构已签署联合国《负责任银行原则》，并根据规定及时公开其环境与社会绩效。

经过近30年的探索发展，我国绿色金融从弱到强，从绿色信贷探索起步，试点改革有序推进，到绿色金融产品不断丰富，标准体系逐步完善，国际影响日益扩大。

党的二十大报告提出推动经济社会发展绿色化、低碳化是实现高质量发展的关键环节，特别指出要推动制造业高端化、智能化、绿色化发展，同时强调绿色环保是中国经济新的增长引擎之一。

金融是国民经济的血脉，是国家核心竞争力的重要组成部分，加快建设金融强国是全面建设社会主义现代化国家的内在要求和必然选择。

2023年1月召开的中央金融工作会议强调，坚定不移走中国特色金融发展之路，并提出加快建设金融强国的战略目标。2024年1月，习近平总书记在省部级主要领导干部推动金融高质量发展专题研讨班开班式上发表重要讲话，深刻阐释了金融强国的丰富内涵，明确了坚定不移走中国特色金融发展之路的方向。作为建设金融强国的五篇大文章之一，绿色金融将开启守正创新、特色发展的新阶段。

第四章　中国绿色金融的典型实践

第一节　中国绿色金融发展总体情况

我国作为全球绿色金融发展的开拓者、引领者，已形成涵盖绿色贷款、绿色债券、绿色保险、绿色基金、绿色信托、碳金融产品等的多层次、多元化绿色金融体系，绿色金融服务创新发展，市场规模稳步扩大，有力地促进了我国经济的高质量发展。官方数据显示，当前我国绿色信贷存量位居世界第一，绿色债券发行量位居世界第二，绿色保险已覆盖20多个高污染行业。

表4-1　主要绿色金融工具发展情况

指标 年份	绿色信贷 绿色贷款余额 （万亿元）	绿色债券 绿色债券发行量 （亿元）	绿色保险 绿色保险保额 （万亿元）
2018	8.23	2826	12.03
2019	10.22	3862	14.68

续表

指标 年份	绿色信贷 绿色贷款余额 （万亿元）	绿色债券 绿色债券发行量 （亿元）	绿色保险 绿色保险保额 （万亿元）
2020	11.95	2895	18.33
2021	15.91	6075	
2022	22.03	8735	
2023	30.08	8211	

数据来源：中国人民银行数据，《中国绿色债券市场报告》，《保险业聚焦碳达峰碳中和目标助推绿色发展蓝皮书》。

绿色信贷规模不断增长，存量规模持续位居世界前列。自2018年以来，我国绿色贷款占金融机构本外币各项贷款的比重持续增加，截至2023年末，我国人民币本外币绿色贷款余额达30.08万亿元，同比增长36.5%。增速高于各项贷款增速26.4个百分点，绿色贷款余额占各项贷款余额比例达13.4%。

表4-2　2018—2023年绿色贷款增长情况

年份	贷款余额（万亿元）			贷款增长（%）		
	绿色 贷款	本外币 各项贷款	绿色贷款 占比（%）	绿色贷款 同比增长	各项贷款 同比增长	绿色贷款增速高于 同期各项贷款 （百分点）
2023	30.08	237.59	12.67	36.5	10.6	26.4
2022	22.03	213.99	10.29	38.5	11.1	28.1
2021	15.90	198.51	8.01	33.0	11.3	21.7
2020	11.95	178.40	6.70	20.3	12.5	7.8
2019	10.22	158.60	6.44	15.4	11.9	3.5
2018	8.23	141.75	5.81	16.0	12.9	3.1

数据来源：中国人民银行数据，《中国绿色债券市场报告》，《保险业聚焦碳达峰碳中和目标助推绿色发展蓝皮书》。

从信贷增速来看，根据各银行2023年度报告统计计算，2023年末绿色信贷余额超万亿元的银行数量为4家，依次为工商银行、农业银行、建设银行和中国银行。六大国有银行方面，工商银行与农业银行绿色信贷余额均已超过4万亿元，工商银行以5.40亿元居于首位，中国银行与农业银行同比增速均超过50%，分别为56.34%和50.10%。股份制银行方面，兴业银行、招商银行、中信银行绿色信贷余额均超过3000亿元，其中兴业银行绿色信贷余额最高，已超8000亿元，光大银行与民生银行同比增速均超过40%，分别为57.44%和46.87%。城商行、农商行等地方法人银行方面，随着国家乡村振兴和美丽乡村建设步伐的加快，地方层面在农村土地综合治理、人居环境改善等项目上的绿色融资需求日益增加，也为地方城商行发展绿色金融提供良好土壤。例如，江苏银行绿色信贷余额达到2870亿元，上海银行绿色信贷余额同比增速超50%，显示出快速的增长速度和广阔的市场潜力。

表4-3　A股上市银行绿色信贷余额（截至2023年末）

银行名称	绿色信贷余额（亿元）	行业
工商银行	54000	国有大型银行
农业银行	40487.00	国有大型银行
建设银行	38800.00	国有大型银行
中国银行	31067.00	国有大型银行
交通银行	8220.42	国有大型银行
邮储银行	6378.78	国有大型银行
兴业银行	8090.19	股份制银行
浦发银行	5246.00	股份制银行
中信银行	4590.22	股份制银行
招商银行	4477.6	股份制银行
光大银行	3137.62	股份制银行
华夏银行	2711.23	股份制银行
民生银行	2642.41	股份制银行
浙商银行	2034.36	股份制银行

续表

银行名称	绿色信贷余额（亿元）	行业
平安银行	1396.47	股份制银行
江苏银行	2870.00	城商行
南京银行	1700.13	城商行
北京银行	1560.47	城商行
上海银行	1033.63	城商行
杭州银行	681.64	城商行
长沙银行	429.03	城商行
城东银行	405.08	城商行
宁波银行	386	城商行
重庆银行	360.62	城商行
贵阳银行	311.41	城商行
苏州银行	301.8	城商行
青岛银行	261.35	城商行
齐鲁银行	241.8	城商行
兰州银行	127.66	城商行
厦门银行	71.11	城商行
郑州银行	40.88	城商行
西安银行	17	城商行
渝农商行	619.82	农商行
沪农商行	614.31	农商行
紫金银行	122.46	农商行
青农商行	180.2	农商行
无锡银行	70.01	农商行
苏农银行	44.98	农商行
张家港行	33.43	农商行
江阴银行	30.36	农商行
常熟银行	26.27	农商行
瑞丰银行	18.78	农商行

数据来源：各银行2023年年度报告、可持续发展报告或社会责任报告。

绿色债券发行势头迅猛，市场规模持续位居全球第二。2016—2023年，中国债券市场发行贴标绿色债券共2981只，债券规模为34138.71亿元。其中，2023年发行贴标绿色债券656只，债券规模为8210.72亿元[①]。特别是绿色农业债券不断探索，创新发展。2022—2023年上半年，国内市场发行的涉及投向绿色农业项目的绿色债券共27只，总额为739.45亿元。绿色农业债券募集资金主要流向了绿色有机农业、绿色畜牧业、耕地农田整治和绿色渔业项目。

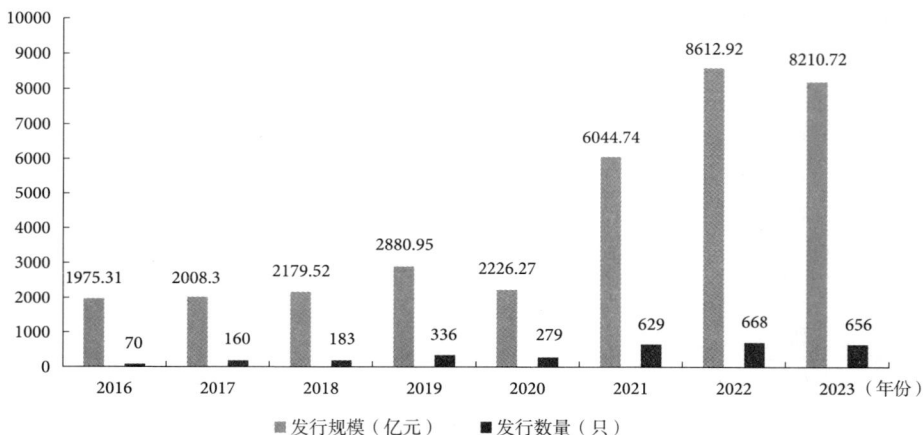

图4-1　2016—2023年我国绿色债券发行情况

绿色基金稳步发展。从政策发展看，中央层面在制度完善、支持投向和产品创新等方面持续推进。地方层面多地结合区域发展战略，通过完善绿色基金政策支持，助推产业转型和生态保护修复等方面，推动绿色基金创新发展。2023年，WIND绿色相关概念主题基金数量为292只，截至2023年末，规模1037.15亿元；共计有38只纯ESG主题基金存续，其中新增8只，总计规模为117.3亿元，基金总数同比增长26.67%[②]。2023年统计周期内累计

① 根据《中国绿色债券市场年报（2023年）》。
② 根据WIND数据整理。

新增绿色私募基金77只，较2022年减少17.20%①。

绿色保险保额逐年增长。2023年，我国绿色保险业务保费收入达到2297亿元，赔款支出1214.6亿元。从绿色保险保额来看，根据A股五大上市险企2023年年报及可持续发展报告等信息统计，它们2023年在负债端共提供绿色保险保额超过230万亿元，资产端的绿色投资合计为9066.64亿元，多家上市险企在绿色金融规模上实现两位数的同比增长。2023年，上市保险公司绿色保险保额合计超300万亿元。其中，中国太保、中国财险、中国平安绿色保险保额排名前三位，分别为109.2、75.5、48.9万亿元。从绿色投资余额来看，截至2023年末，中国人寿绿色投资规模达4627.88亿元，排名第一；中国人保绿色投资规模979亿元，排名第二，中国财险以387.4亿元的绿色投资规模紧随其后。自2020年起，我国成为全球范围内规模最大的农业保险市场，为农户大幅提升了风险保障，为实现我国的粮食安全，以及推动乡村振兴提供了重要保障。

表4-4　上市保险公司2023年绿色金融发展情况

证券代码	公司简称	绿色保险保额（万亿元）	绿色投资余额（亿元）
601601.SH	中国太保	109.2	2000
02328.HK	中国财险	75.5	387.4
601318.SH	中国平安	48.89	1285.68
06963.HK	阳光保险	12.18	超180
01508.HK	中国再保险	3.10	
601628.SH	中国人寿	0.60	4627.88
601336.SH	新华保险	超0.9	174.08
601319.SH	中国人保	75.5	979
总计		325.87	

数据来源：根据各上市公司年报整理。

---

① 根据中国证券投资基金业协会数据。

绿色信托服务持续丰富。信托业按照《绿色信托指引》要求，支持绿色产业重点领域的资金需求，创新绿色信托业务模式，不断提升信托业支持绿色产业发展的质效。创新帮扶模式，以慈善信托、产业投资等方式助力乡村产业振兴。

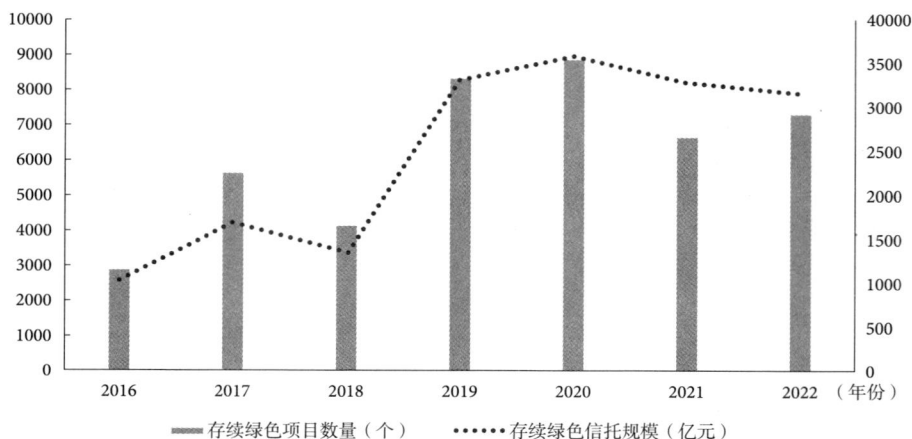

图4-2　2016—2022年我国绿色信托规模与数量情况

自2021年全国碳市场启动上线交易以来，至2023年末，全国碳市场碳排放配额累计成交4.42亿吨，累计成交额249.19亿元。2022年，全国首个农业碳汇交易平台在福建厦门落地，开创了"农业碳汇+数字人民币+乡村振兴"新模式，为农业农村发展、农民生活水平提高注入了新动力。其他绿色金融工具如绿色发展基金、排污权、水权等环境权益交易市场，也都是乡村振兴的重要推动力量。

第二节　绿色信贷

一、定义及特点

绿色信贷是专门用于资助环保项目、资源节约型项目以及清洁能源等可持续发展项目的金融产品和服务。这些贷款和信贷产品通常要求资金用于符合特定环境标准的项目，以推动低碳经济和可持续社会的发展。

绿色信贷的发行过程通常有以下步骤。首先，金融机构对申请绿色信贷的项目进行筛选，判断其是否符合绿色项目的定义和标准。然后完成尽职调查，评估项目的可行性、环境影响及经济效益，包括财务分析和环境影响评估。在完成尽职调查后，项目需经过内部审批流程，内控部门对项目进行评估并决定是否批准信贷。批准后，金融机构与企业签署贷款合同，明确贷款金额、利率、还款期限及管理要求等。贷款资金发放后，金融机构需要对资金的使用情况进行监测，确保资金用于批准的绿色项目，并评估项目的环境和社会效益。

对企业来说，特别是对于涉足环保和可持续发展领域的企业，绿色信贷为企业提供了一种新的融资方式，且绿色信贷常常拥有低利率、供给充足、政策倾斜等优点。同时，参与绿色项目和获得绿色信贷能够增强企业的社会责任感，提高公众对其品牌的认可度。绿色信贷也能推动企业在环保技术和可持续产品方面的创新，提高其在市场中的竞争力。

对国家来说，绿色信贷有助于国家推动可持续发展战略，实现经济的绿色转型，降低环境污染和资源消耗。同时，通过绿色信贷，国家能够更好地履行国际气候协议和环境保护承诺，减缓全球变暖和环境恶化的问题。

最后，绿色信贷推动绿色产业发展，促进经济多元化和新兴产业的崛起，创造新的就业机会，改善环境质量，提升整体社会福祉，促进民众生活质量的提升，实现多方共赢。

二、案例解析

（一）案例1：绿色信贷与产业转型[①]

1.项目背景

招商银行加速绿色金融布局，将绿色信贷作为战略性业务，支持绿色低碳发展。招商银行专门搭建了"五横七纵"的产品矩阵。横向上，围绕绿色融资、绿色资产运营、绿色投资、绿色零售、碳金融五大场景，提供一站式金融服务。纵向上，将场景化产品融合到行业服务中，既包括清洁能源、新能源汽车、轨道交通三大"深绿"领域，还重点支持中国人民银行转型金融框架拟覆盖的火电、钢铁、建材和农业四个转型金融行业。招商银行优先支持领域包括在水电、核电、风电等清洁能源行业，重点介入西南地区大型水电开发项目、机组符合第三代安全标准的核电项目、符合新一轮电力体制改革政策支持方向的发电项目等。

2.实施情况

2023年第四季度，招商银行在碳减排支持工具支持下，合计向80个项目发放碳减排贷款482983万元，贷款加权平均利率3.11%，带动的年度碳减排量为121万吨二氧化碳当量，其中碳减排效应最为显著的项目有酒泉浙新能风力发电有限公司肃北马鬃山300兆瓦风电项目、高台北部滩百万千瓦风电基地40万千瓦风电项目、宾阳县洋桥100兆瓦农光互补光伏发电综合

---

① 根据《招商银行碳减排贷款信息披露（2023年第四季度）》。

利用项目。

2024年上半年，招商银行绿色贷款增幅高于整体对公贷款增幅，完成当年增长目标的时间进度。2024年度，招商银行累计向139个项目发放碳减排贷款1216700.39万元，贷款加权平均利率3.16%，带动的年度碳减排量为2875451.98吨二氧化碳当量。获得碳减排支持工具支持以来，招商银行累计向217个项目发放碳减排贷款2826528.61万元，贷款加权平均利率3.39%，带动的年度碳减排量为6120030.20吨二氧化碳当量。

3.特点点评

贷款主体层级下沉风险。在目前中国经济新常态下，伴随着产业结构与行业结构的明显分化，高污染、高耗能的产业和行业经营困难必将加剧，而战略性新兴产业，如节能环保产业、新能源、新材料等行业，必将迎来更好的发展机会。以发电业务为例，招商银行为了加大业务覆盖面，除了集团层面的业务，还会下沉到项目公司，但因为集团公司和项目公司往往身处两地，银行无法及时掌握项目情况，增加了贷后管理、风险控制的难度。

风险定价能力不足。绿色信贷兴起以来，绿色资产的争夺与价格竞争激烈，风险定价能力的重要性越发凸显。绿色信贷的需求方包括有节能减排需求的单位，也包括提供专业技术服务的企业，既有公共事业单位、国有大型企业，也有中小企业。在节能环保的一些细分市场领域，有专业的节能服务商或环境服务商，他们以合同能源管理、合同环境服务的方式为业主提供一揽子服务。但由于这类专业服务公司"规模小""轻资产"特征明显，缺乏有效的有形抵押品，银行常规的风险管理方式难以适用。同时，虽然银行通过与诸多公共数据平台及第三方数据库对接，将企业所涉环境风险纳入对客户的信贷风险评价中，但因为环境风险评估工作仍处于发展初期，项目对环境的影响及产生的社会环境效益比经济效益更难以量化。金融机构还需要不断提高自身风险定价能力，在绿色资产抵押和绿色信贷审核的过程中保持审慎的态度，防范无序扩张和项目不可持续的风险。

（二）案例2：绿色信贷与清洁能源①

1.项目背景

风能是重要的清洁、绿色、低碳能源，资源丰富、分布广泛。某海上风力发电项目位于中国东部沿海，项目建设内容分为海上工程（2座海上风电场和1座海上升压变电站）、陆上工程（1座陆上集控中心）和海底电缆工程三部分。海上风电场设计安装32台装机容量6.45兆瓦风力发电机组（每座风电场16台），装机总容量为206.4兆瓦，年平均上网电量预估值超过6亿千瓦时。因项目所需资金较大，项目业主方拟为该项目建设申请融资支持。

2.实施情况

兴业银行聘请专业第三方机构对该项目开展环境和社会风险尽职调查，与项目业主方拟订了行动计划，明确了在项目建设、运营期间需要关注的环境和社会问题。其中，重点关注的海洋相关领域的问题，主要包括以下方面（具体内容视项目保密性有所删减），如表4-5所示。

---

① 根据《兴业银行2022年年度可持续发展报告》。

表4-5　环境与社会风险尽职调查重点条目

绩效标准	主要发现	行动计划
环境和社会风险与影响的评估和管理	监督和审查： 在项目施工和运营期间，需根据监测计划委托有资质的第三方检测机构进行以下污染源监测及环境质量监测，具体包括：水下噪声及背景噪声、海水水质、海洋沉积物、水生生物、渔业环境、鸟情及其栖息地、流场和局部冲刷	项目业主应敦促施工单位根据环评报告书要求持续开展环境监测工作，确保施工期间对生态环境的影响程度控制在可接受范围内。项目投入运营后，项目业主应根据环境监测计划，委托有资质的监测单位进行环境监测并向社会公开监测结果
环境和社会风险与影响的评估和管理	利益相关者的参与： 本项目环评报告书在环评信息公开平台进行了公示，公示阶段未收到任何形式的负面反馈意见。项目业主介绍目前未收到来自项目建设区域周边企业或群众、渔民、船只的投诉。项目业主尚未建立正式的社区沟通机制，没有为周边居民或企业的投诉（如有）设立书面或电子投诉渠道等。 项目业主未能提供书面的供应商管理程序或相关的供应商环境和社会责任审查记录	项目业主应建立正式的社区沟通机制，以指导项目人员妥善维护与周边社区的关系，建立一套规范的流程来受理社区询问或投诉，进行必要的反馈及处理，并保留书面记录。项目业主应及时向兴业银行提供其供应商管理程序，确保其履行环境和社会责任方面管理要求，并确保业主保留对供应商的审查记录
资源效率和污染防治	污染防治： 陆上工程和海上工程在建设和运营期应该采取的预防和减少污染的措施主要集中在以下方面：大气污染物排放防治、废水排放防治、噪声排放防治、固体废弃物排放防治、电磁环境防护、生态保护措施	项目业主与施工单位在建设期和运营期应按本项目的环评报告书要求采取相应污染防治措施

续表

绩效标准	主要发现	行动计划
土地征用和非自愿迁移	陆上工程尚未取得建设用地不动产双证。根据项目业主代表介绍，该不动产双证正在办理中。项目业主与属地规划土地事务中心签订的土地开发补偿协议，并根据协议缴纳了土地补偿金	项目业主应按计划获取陆上工程建设用地不动产权证，以确保项目不因土地权属问题而延搁
项目业主应按计划获取陆上工程建设用地不动产权证，以确保项目不因土地权属问题而延搁	海上工程的附近海域包含多科浮游植物、浮游动物、底栖生物、潮间带生物、鱼卵、鱼虾蟹等渔获物以及鱼类，生态多样性分布具季节性。本工程紧邻或位于多种海洋生物的受饲场、产卵场、产卵洄游路线中。此外，本工程生态影响评价区处于多种鸟类迁徙路线中。但工程海域并非迁徙期鸟类迁徙所经过的最主要路线。海上工程在施工期和运营期针对海洋生态环境以及生物多样性保护需采取一系列生态影响减缓和修复措施，具体包括施工期施工方案优化、限制施工范围、调整施工进度安排、开展生态环境监测和水生生物监测、制定应急预案，运营期制定增殖放流计划、开展生态环境监测和水生生物监测、落实鸟类保护等	项目业主与施工单位应在建设期和运营期按本项目的环评报告书要求采取相应海洋生态影响减弱和修复措施

　　在完成环境和社会风险尽职调查后，兴业银行批复了2.7亿元的贷款资金，项目建成后预计每年发电量在9000万度左右，可满足2.5万户普通家庭全年用电量，每年可减少各类大气污染排放物超50万吨。

3.特点点评

绿色信贷除了需要评估项目的经济效益，更需要评估项目的环境影响。但是环境风险评估工作仍处于探索阶段，项目对环境的影响比经济效益更难以直接量化，有关机构需要对自然环境中的有关主体进行持续监测，防范长期的环境风险。

（三）案例3：绿色信贷与民生福祉[①]

1.项目背景

蓝色信贷指的是将信贷资金投向可持续型海洋经济领域，支持海洋保护和海洋资源可持续利用的相关项目，是绿色信贷的一个子品种。作为中国首家赤道银行，兴业银行沿海各家分行根据总行要求，重视并大力支持海洋经济业务合作，近年来落地了一批典型案例。

2.实施情况

2022年12月，兴业银行杭州分行向中交（玉环）开发建设有限公司批复项目贷款2.5亿元，期限10年，主要用于"玉环市海山生态旅游岛南滩水系综合治理建设项目"建设，涉及海岛生态修复、海岸线修复、水系治理等海洋保护领域，是兴业银行以金融助力海洋污染防治和生态保护修复的有益实践。

2022年11月，兴业银行济南分行为国家级海洋牧场山东日照三文鱼产业科创基地一期项目批复项目贷款3.5亿元，期限10年，11月末发放了首笔贷款1.83亿元。该项目是我国海洋牧场领域的一次重大技术创新，在借鉴国外先进养殖模式的基础上，利用黄海冷水团冷水资源进行苗种培育和深远海养殖，首创世界温带海域冷水鱼类规模化养殖模式，突破离岸高海况海域冷水鱼养殖限制，实现了我国在开放海域规模化养殖三文鱼的突破，

---

① 根据《兴业银行2022年年度可持续发展报告》。

也开创了世界温暖海域养殖三文鱼的先河，被列入科技部"蓝色粮仓"和山东省"海上粮仓"建设项目。这笔业务是兴业银行系统内首笔海洋牧场项目贷款，通过支持海洋渔业高质量发展，赋能产业链条金融活水，增加就业机会，提高当地收入水平，有效推动了产业升级，提升海洋养殖业的综合效益和竞争力。

2023年，兴业银行针对福建霞浦海参养殖户创新推出"兴渔贷"服务方案。"兴渔贷"是基于养殖户真实养殖场景、还原用款真实性并与养殖户用款周期相匹配的，向海参养殖户发放的个人经营类贷款，采用多层次风险缓释手段，有效满足小微客户短、频、急的用款需求，支持当地渔业产业高质量发展，促进富民强村，助力乡村振兴。9月，"兴渔贷"首笔贷款落地，全年累计批复129笔，年末贷款余额达5292万元。"兴渔贷"作为兴业银行蓝色信贷的典型代表，是造福当地百姓和推动乡村振兴的创新举措。

3.特点点评

蓝色信贷作为绿色信贷的子产品，是支持海洋经济的信贷业务，与绿色信贷拥有一致的基础逻辑，但面临更多不确定性。人类对海洋经济的认知远不如陆地经济清晰，导致蓝色信贷具体业务的长短期价值难以准确测算，金融机构尚未能将可持续发展相关因素真正纳入风险定价体系之中，项目的长期效益有待观察。

（四）案例4：绿色信贷与环境保护①

1.项目背景

在现阶段的治沙模式中，光伏治沙被广泛采取和应用。某新能源公司负责建设的敖汉旗敖润苏莫15万千瓦光伏治沙项目，总投资达6.7亿元，以光伏电站建设为主体，通过在电站外围用草方格沙障和固沙林组成防护

---

① 根据中国金融新闻网《建行多措并举推动发展方式绿色转型》。

林体系，在光伏板下安装节水滴灌设施、种植经济树种等方式实现治沙目的，同时实现土地的综合利用，提高土地附加价值。

2.实施情况

由于项目装机规模大，施工进程较为紧张，中国建设银行为该项目加紧投放绿色信贷资金，批复基本建设贷款4.89亿元，期限13年。截至2023年7月，已成功投放贷款4.22亿元，并获批碳减排贷款3.01亿元，为项目提供了优惠利率融资，助力企业降本增效。

该项目建成后，与同等规模的燃煤火电厂相比，每年可为国家节约标准煤8.15万吨，节约水77.51万吨，减少烟尘排放180吨，减少二氧化硫排放1436.18吨，减少二氧化碳排放19.75万吨，减少灰渣排放2.99万吨。根据项目总投资额测算，平均每亿元投资可带动碳减排量2.93万吨，建行发放的碳减排贷款共带动碳减排量8.84万吨。同时，单个光伏产业园区的建设和运营，一般能提供约1500个长期和临时就业岗位，这些岗位包括工程建设、设备维护、农业种植和管理人员，参与光伏农业项目的农民平均年收入能增加20%~30%。

3.特点点评

随着沙漠、戈壁、荒漠地区风电光伏项目陆续上马，建设、施工和运营对当地生态环境的扰动问题引起担忧。沙漠、戈壁、荒漠属于生态脆弱区，生态环境一旦受到破坏很难恢复。有环保专家提出应严格限制、减少地表扰动和植被损坏范围，有效控制可能造成的水土流失。为此，需要加紧研究制定风电光伏行业和项目环评管理政策及要求，避免在鸟类等野生动物重要栖息地和迁徙通道布局，同时，有关机构需要持续对自然环境中的有关主体进行监测，防范项目不可持续风险。

第三节　绿色债券

一、定义与特点

根据《中国绿色债券原则》，绿色债券是指募集资金专门用于支持符合规定条件的绿色产业、绿色项目或绿色经济活动，依照法定程序发行并按约定还本付息的有价证券。绿色债券的募集资金必须100%用于符合规定条件的可再生能源、节能、污染防治、清洁交通、生态保护等绿色项目。因此，绿色债券和普通债券的最大区别在于其"绿色"属性。

在我国，狭义的绿色债券专指"贴标绿色债券"，即经过监管机构的绿色认证、具有绿色标识的债券。此外，还存在一定规模的"非贴标绿色债券"，指的是未经专门贴标但实际募集资金投向绿色产业的债券。"贴标绿色债券"和"非贴标绿色债券"共同构成了投向绿色领域的债券，即"投向绿"债券。

根据发行方、发行场所以及监管机构的不同，绿色债券通常包括绿色金融债券、绿色企业债券、绿色公司债券、绿色债务融资工具和绿色资产支持证券等。

依据资金用途或收益来源，绿色债券又可分为普通绿色债券、碳收益绿色债券（环境权益相关的绿色债券）、绿色项目收益债券和绿色资产支持证券。普通绿色债券是目前的主要发行品种，其中包含蓝色债券和碳中和债券这两个2021年推出的子品种。蓝色债券的募集资金投向可持续型海洋经济领域，支持海洋保护和海洋资源可持续利用相关项目。

此外，2021年，中国银行间市场交易商协会（以下简称"交易商协会"）推出社会责任债券和可持续发展债券两项新品种，针对境外发行人开展业务试点，明确指出绿色债券主要服务于联合国可持续发展目标（SDG）中相关环境目标。2022年，交易商协会和上交所相继推出低碳转型债券，是对绿色债券的有益补充。具体而言，交易商协会推出转型债券，重点支持建材、钢铁、有色等八大行业低碳转型；上交所推出低碳转型公司债券和低碳转型挂钩公司债券，重点支持五种低碳转型领域。

绿色债券的发行通常有以下五个步骤：项目筛选、绿色债券框架、外部审查、发行与定价、监测与报告。绿色债券发行者首先会结合地缘优势、政策导向、自身经验等条件选择专项绿色项目，并评估其环境效益。项目筛选通过后，发行者将根据项目特点制定绿色债券框架，说明项目选择、管理、报告等原则。通常，发行者还会雇用第三方机构对绿色债券框架进行评估，以便验证其符合国际标准（如气候债券倡议）。完成相关审核后，发行者通过承销商发行绿色债券，并确定债券的定价和收益率。债券成功发行后，发行者还需定期向投资者报告资金使用情况和项目进展。

绿色债券的推出为绿色金融的发展营造了良好的政策和市场环境，是我国绿色金融发展新的里程碑，尤其是在当前加快生态文明建设、推进经济绿色化和低碳环保产业蓬勃发展的时期，绿色债券对我国绿色产业发展、经济结构转型具有重要意义。

绿色债券的发行符合国家产业结构调整需要。"十二五"规划以来，推动经济结构转型、生态环境改善和实现可持续发展已经成为我国经济发展的主旋律。产业转型发展需要大量资金支持，绿色债券不仅能够为金融机构扩大绿色信贷投放提供重要的资金来源，缓解信贷资金来源趋紧问题，也是在当前国内产业结构调整大环境下，实施产业精准化升级的有效手段。

绿色债券具备与节能环保等绿色产业需求相匹配的融资服务能力。以节能环保产业为例，这类行业的特性决定了其融资需求具有金额大、期限长、管理成本高的特点，大量节能环保项目需要中长期资金配套支持。从国际经验来看，发行金融债券可以作为长期稳定的资金来源，与绿色信贷中长期融资项目类型匹配，能有效解决资产负债期限结构错配问题，还可以成为主动负债工具，改变商业银行存款占绝对比重的被动负债局面，防范化解金融风险，从而提高金融机构中长期绿色信贷投放能力和积极性。

绿色债券有助于规范绿色金融业务，提高金融机构专业能力。绿色债券资金用途具有专项性、透明性和可追溯性，绿色债券发行者不仅需要在发行前提供详细的项目说明，还需要定期公布资金使用报告，确保投资者能够及时追踪资金的使用情况及项目进程，有助于绿色金融业务的流程化和透明化。同时，中国人民银行39号公告对募集资金管理使用的高要求，进一步促进金融机构加深绿色产业理解，规范绿色金融业务流程和强化能力建设。

绿色债券具有融资成本低、发行效率高的特点。首先，由于绿色债券通常被认为具有积极的环境影响，常有更高的市场需求和较低的融资成本，特别是对于那些在可持续发展方面具有良好记录的发行主体。为了鼓励绿色金融的发展，地方政府对发行绿色债券的实质性激励增多，对地方企业给予财政支持，补贴类型包括贴息、直接奖励、担保奖补等，这有助于进一步降低绿色债券的发行成本。统计发现，2022年部分绿色债券的加权平均发行利率可以比同类型的其他品种低11.62BP左右，包括绿色资产支持证券、绿色中期票据、绿色公司债券、绿色企业债券等。2023年，绿色资产支持证券和中期票据加权平均发行利率分别为2.86%和3.29%，低于普通债券的发行利率42.88BP和54.91BP，具有一定发行成本优势，可以帮助企业降低融资支出。其次，绿色债券的发行和审批效率更高。上海证券交易所设立了绿色公司债券申报受理及审核绿色通道；交易商协会发布的《非金融企业绿色债务融资工具业务指引》也明确规定，绿色债务融资工具施行绿色通道，专人全程跟踪注册评议，提高注册效率。

绿色债券有助于为发行人树立积极承担社会责任的良好形象。发行绿色债券可以提升发行人品牌形象，展示其对环境保护的承诺。这是因为，绿色债券的发行通常伴随着严格的环境影响评估和持续的报告要求，这能提高发行主体在环境责任方面的透明度和问责效率。同时，随着环境法规的日益严格，发行人需要确保其融资活动符合环境标准，发行绿色债券也是展示合规性的一种方式。

二、案例解析

（一）案例1：绿色债券与产业转型①

1.项目背景

2021年3月18日，国家开发银行在北京成功面向全球投资人发行首单3年期200亿元"碳中和"专题"债券通"绿色金融债券，发行利率3.07%，所募资金将用于风电、光伏等碳减排项目，募投项目均符合中国人民银行绿色债券相关标准和国际最新气候债券标准（V3.0版），将有效推动电力系统脱碳，助力实现能源系统跃迁。

2.实施情况

本次发行的"碳中和"债券有三大特点：特点一为全国首单、全球最大的"碳中和"专题绿色金融债券；特点二为贯通境内外，跨越银行间市场和商业银行柜台市场，有效结合预发行交易模式，获得全球投资人踊跃认购；特点三为首单经国际国内双认证的"碳中和"债券，该债券系我国首单获得国际气候债券倡议组织（CBI）贴标认证的"碳中和"债券，在国内已获第三方认证机构联合赤道认证通过，并将跟踪核查、验证。

---

① 根据人民网《国开行成功发行首单"碳中和"专题绿色金融债券》。

其中，通过上海清算所在银行间债券市场发行192亿元，认购倍数8.19倍，主要投资人包括浦发银行、中金公司、中国银行、南京银行和工商银行等，境外订单量超过100亿元；通过中央结算公司向工商银行、农业银行、中国银行、建设银行、民生银行、浦发银行等14家柜台债券承办机构发行，并由上述商业银行在柜面及电子渠道面向公众零售规模8亿元，积极推广普及社会责任投资意识，引导社会公众共同参与"碳中和"行动。

本期债券所募集资金将用于风电、光伏等具有显著碳减排和碳吸收效果的绿色项目，与普通绿色金融债券相比，资金用途更加聚焦低碳领域。第三方认证机构联合赤道评估、分析了碳减排效益和其他环境效益，预计年减排二氧化碳1899.73万吨，节约734.97万吨标准煤，减排二氧化硫4269.73吨、氮氧化物4677.52吨、烟尘911.52吨。

3.特点点评

"碳中和"专题"债券通"绿色金融债券能在境内外发行且境外订单超过100亿元，项目评估标准的统一是重要的原因之一。推动国内绿色金融有关制度和评估标准与国际接轨，既能增强项目可投性引入资金活跃国内市场，又能进一步加强全球金融机构对我国绿色债券市场和环境、社会和治理（ESG）新投资理念的认可。

（二）案例2：绿色债券与民生福祉[①]

1.项目背景

2019年，广州地铁集团在建地铁线路的建设急需大量资金，迫切需要开拓一种较为创新的、可持续的融资模式。兴业银行广州分行根据广州地铁集团特点与需求，向其提供了资产证券化项目融资服务方案，并联合第三方认证机构绿融（北京）投资服务有限公司，将广州作为全国首批"绿

---

① 根据新浪财经《城市轨道交通行业的绿色融资现状及未来发展趋势研究》。

色债券发行主体"（绿色企业）上报银行间交易商协会进行认证。绿色资产证券化加绿色发行人的业务模式，有效解决了广州地铁集团所需资金大、融资成本要求高等问题，实现企业融资的降本增效，同时助力粤港澳大湾区互联互通，使人民生活更加便利。

2.实施情况

广州地铁集团将其持有的客票款收益权（以下简称"入池资产"）作为委托财产信托给平安信托，设立"广州地铁集团有限公司第一期绿色资产支持票据"。平安信托以该信托财产为支持发行优先档资产支持票据和次级档资产支持票据，其中，优先档资产支持票据采用固定利率在银行间债券市场以簿记建档方式向机构投资者发行（委托人自持部分除外）。

此外，广州地铁集团按要求制定了《广州地铁集团有限公司绿色债券框架》，对其及其下属公司绿色债券的发行与管理设立了制度规范，用以确保绿色债券发行与管理合乎法律法规与监管要求。该框架对广州地铁集团发行绿色债券的募集资金使用、项目评估和筛选、环境风险与环境效益核算、募集资金管理、报告与披露等，提出明确要求。

兴业银行广州分行紧密贴合广州地铁集团轨道交通项目建设的融资需求，创新性地以绿色金融为抓手、以轨道交通客运费收益权作为基础资产，帮助广州地铁集团有限公司注册并成功发行了50亿元绿色资产支持票据（绿色债券的一种）。该笔票据一举成为国内首单"绿色发行主体、绿色资金用途、绿色基础资产"的资产支持票据产品，既是国内首单以轨道交通客运费收益权作为基础资产的证券化产品，也是全国绿色金融改革创新试验区（广州）首笔绿色资产支持票据业务。

这笔绿色资产支持票据基础资产和募集资金投向均属于《绿色债券支持项目目录》的"清洁交通"类别，第一期基础资产为广州市内2号线地铁，第二期基础资产为广州市内4号线地铁，推动了粤港澳大湾区实现绿色互联互通。

3.特点点评

该笔绿色资产支持票据创下2018—2021年间全市场AAA级企业同期限证券化产品发行利率最低的纪录，有效降低了企业的融资成本。"绿色发行主体、绿色资金用途、绿色基础资产"的创新模式也为盘活企业绿色资产、吸引大众积极参与绿色投资提供了很好的渠道，为其他绿色债券的发行创造了"可复制、可推广"的实践经验。

第四节　绿色基金

一、定义及特点

绿色基金泛指投向绿色产业的基金，根据国家发改委印发的《绿色产业指导目录（2019年版）》，绿色产业包括六大类：节能环保产业、清洁生产产业、清洁能源产业、生态环境产业、基础设施绿色升级、绿色服务，涉及绿色装备制造、清洁能源、环境治理、能源节约、绿色城市（绿色基建）、绿色服务等多个领域。根据投向不同，绿色基金可分为绿色证券基金、绿色股权基金、排放权基金、绿色担保基金等。

对国家来说，发行绿色基金可以提高资源的利用效率，支持可持续发展目标。同时，绿色经济的增长需要相关的专业技能和劳动力，绿色基金通过投资于相关项目，有助于创造新的绿色就业机会。绿色基金的跨国投资还有助于增强国际合作，在国际层面上参与协调监管政策，提升我国在全球绿色转型中的话语权和领导力，提高我国对外投资的绿色水平。

对资本市场来说，绿色基金是立体化绿色金融拼图的重要部分。绿色信贷发展较早，规模最大，但与绿色产业资金需求不完全匹配，绿色基金势必成为重要的补充。在绿色金融体系中，绿色基金的资金来源最为广泛，且属于直接融资体系，对于改善金融结构失衡具有重要作用。一方面，部分绿色产业投资周期长、回报率偏低，债权融资存在自有资金不足、期限错配等问题；另一方面，部分绿色产业尚处于行业生命周期的早期或发展期，盈利能力不足、风险偏高。此两种情况均更需要产业基金介入并发挥助推力量。此外，发展绿色基金可以发挥杠杆力量，有效撬动社会资本参与绿色产业发展。例如，据光大证券测算，国家绿色发展基金首期超募885亿元，按1∶5的比例有望撬动约近4000亿元社会资本投向生态环保领域。国家集成电路产业投资基金便是最好例证，一期募集资金1387亿元，成功撬动约5145亿元地方和社会资本投资于集成电路产业及配套环节，有效推动集成电路产业实现加速发展。

对投资者来说，绿色基金的发行为投资者提供了一个实现财务回报和环境效益双赢的机会。随着公众对环境问题认识的提高，越来越多的投资者希望将资金投向能够产生积极社会和环境影响的项目，绿色基金满足了这一需求。同时，投资绿色基金也是一种优化投资组合、分散风险的有效方法。投资者可以通过投资绿色基金来优化其投资组合，降低对传统行业的依赖。

二、案例解析

（一）案例1：绿色基金与清洁能源[①]

1.项目背景

近年来，市场上陆续出现了一批能源基础设施领域不动产投资信托基

---

① 根据21世纪经济报道《中航首钢绿能REIT"慷慨"分红能否继续？》。

金（Real Estate Investment Trusts，REITs），该类产品的发行模式清晰、可复制性高，不仅扩大了现有市场公募REITs产品类型，还给新能源行业开辟了新的融资渠道，助力能源产业的转型升级。但自2024年以来，随着市场竞争加剧，极端天气和运营事故等不利因素可能导致产品回报率快速下跌，这对投资者信心、产品再募集都造成了巨大的负面影响。

基础设施领域不动产投资信托基金是一种以发行收益凭证的方式汇集特定多数投资者的资金，由专门投资机构进行不动产投资经营管理，并将投资综合收益按比例分配给投资者的一种信托基金。国内的公募REITs是一种可上市交易的公募基金，企业通过公募REITs可以实现"资产的上市融资"。同时，由于房地产投资信托基金主要投资于房地产等基础设施建设相关的项目，它们通常被认为是长期投资的工具，大部分房地产投资信托基金的期限为10~15年不等。而能源产业具有固定资产占比高且投产周期长的特点，行业的转型升级需要大量的长期资金投入，发行REITs能有效拓宽融资渠道，还能解决资金期限错配的问题。

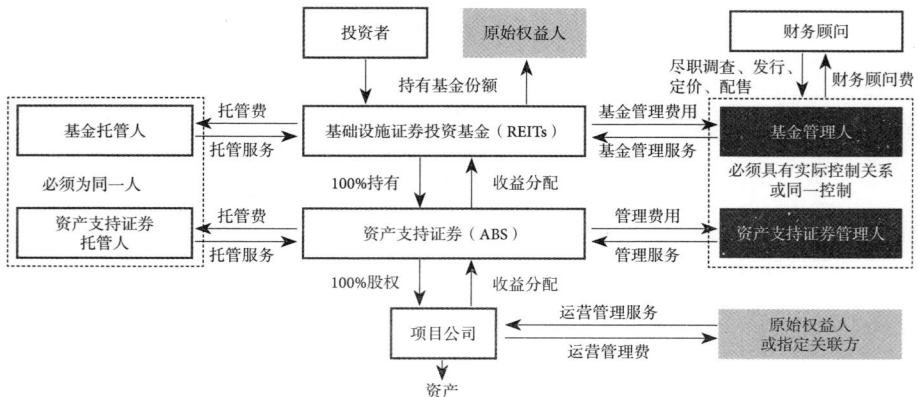

图4-3　REITs产品结构介绍[①]

————————

① 图片来自中银基金家园《一文读懂基础设施公募REITs》。

2.实施情况

2021年，中航首钢绿能REIT作为首批公募REITs项目中唯一的生物质发电项目参与了REITs试点，并于当年6月21日上市交易。2022年，鹏华深圳能源REIT作为首个热电联产天然气发电项目参与了REITs试点。2023年，中航京能光伏REIT与中信建投国家电投新能源REIT分别作为首单光伏发电REITs项目、首单海上风力发电REITs项目参与了试点，至此，四大能源REITs均完成发行。

以首钢绿能REIT为例，底层资产为首钢生物质能源项目，包括北京首钢生物质能源项目、北京首钢餐厨垃圾收运处一体化项目（一期）以及北京首钢鲁家山残渣暂存场项目等，主要业务模式为收集处置餐厨垃圾，并将部分垃圾作为可供生物质能源项目的原料焚烧发电，餐厨项目产生的沼气也可供生物质能源项目利用，同时，餐厨项目也会使用生物质能源项目的蒸汽，项目的主要收入来源为生活垃圾处理服务费、售电、餐厨装运及处置服务费。因首钢绿能REIT属于契约型封闭式REITs，封闭期为21年，封闭期内不得办理申购与赎回，2021年该产品以13.38元的认购价成功募集13.38亿元。

初期，项目运营取得了阶段性的成果。2023年度，中航首钢绿能REIT项目处理生活垃圾116.62万吨，处置厨余垃圾6.01万吨，与上年同期基本持平。收运厨余垃圾4.88万吨，实现同比增长17.31%。2023年度项目实现发电42872.64万瓦时，实现上网电量3.4亿千瓦时。这些数字体现出中航首钢绿能REIT项目在循环经济中资源节约、集约利用的有效成果，同时，生物质能的开发利用也有助于能源产业的转型升级。

作为国内首单清洁能源REITs，鹏华深圳能源REIT在2023年度合并实现收入19亿元，息税折旧摊销前利润5.7亿元。从运营数据上看，相关项目公司全年实现上网电量37.9亿千瓦时，售电量指标符合预期。同时，通过合理制定经营策略、多措并举，2023年实现加权平均售电单价约0.5673元/千瓦时（含税），较招募说明书预测的2023年售电单价0.4840元/千瓦时（含税）提高17.21%。

2023年，中航京能光伏REIT合计结算电量1.22亿千瓦时，全部结算电量（包含参与市场交易部分）均享受国补，其中江山永展结算电量0.98亿千瓦时，结算电价0.7760元/千瓦时（含国补，下同），湖北晶泰结算电量0.24亿千瓦时，结算电价0.9547元/千瓦时。

2023年，中信建投国家电投新能源REIT实现全年累计可供分配金额6.59亿元，加上满足条件可用于开展保理业务的国补应收账款金额1.82亿元，全年可供分配金额合计为8.39亿元，较招募说明书预测金额提升了8228.87万元。

但进入2024年，部分能源REITs的运营效果出现大幅下跌。中航首钢绿能REIT部分底层资产因发电机进行返厂检修等原因，自2024年3月18日起停运，最终导致2024年第1季度上网电量、结算电量同比减少24.53%。中航京能光伏REIT在2024年4月12日盘后发布《关于中航京能光伏封闭式基础设施证券投资基金底层项目公司2024年第1季度经营情况的临时公告》，2024年第1季度，基金基础设施项目之一榆林光伏项目上网电量107亿千瓦时，同比降低17.28%；结算电量105亿千瓦时，同比降低17.34%；主营业务收入0.68亿元，同比降低21.42%。

3. 特点点评

运营效果的大幅下跌对能源REITs的持续运营提出巨大挑战。一方面，底层资产的稳定运行对投资者至关重要。与股票、债券等资产相比，公募REITs的吸引力在于依托于实物不动产，抗通胀、可分红等，因此，REITs的投资人希望其能够高度稳定，也就是底层资产有稳定运行并产生持续稳定现金流的能力。另一方面，扩募是公募REITs生命力的体现，通过购入新资产，能够增加REITs平台的抗风险能力和收益属性，提高管理人的运营积极性，增加REITs的稳定性，是提升REITs可持续发展的重要因素。底层资产运行的波动可能对投资者信心造成的负面影响，进而影响扩募效果。

对于新能源REITs项目，因其面临着极端天气造成的水光风等资源减少的不确定性，市场化竞争逐渐白热化及产能过剩等问题，业绩能否如预测般增长需要持续观察。因此，项目审核应考虑更多因素，如充分评估项目面对极端天气及市场周期等不利冲击时的可持续运营能力。

（二）案例2：绿色基金与环境保护[①]

1.项目背景

绿色气候基金（GCF）由2010年《联合国气候变化框架公约》第十六次缔约方会议设立，是《巴黎协定》下设的一个资金机制运营实体。该机制对缔约方会议负责，缔约方会议决定其政策、方案优先事项和供资资格标准。GCF旨在支持发展中国家适应并减缓气候变化影响，是世界上最大的专用气候基金。

资金来源。GCF的资金来源主要包括缔约国出资、社会捐赠、资产运营收益等。2014年GCF正式启动运营，初始认缴资金规模为100亿美元，资金主要来自27个缔约国的政府出资。至今，GCF共完成3次增资，共筹集到251.6亿美元，这些资金构成了GCF的基础资本金，也体现了GCF资金来源的多元化特性和杠杆效应。

资金投向。GCF的总体目标是通过有效的气候融资支持发展中国家实现减缓和适应气候变化，推动全球向低碳、气候韧性发展道路转型，并为此创新融资机制，动员更多资金参与。因此，GCF在资金投向上设置了一

---

① GCF资金来源和资金投向根据《绿色气候基金（GCF）资金分析及展望》。

系列标准和原则，如绿色投资标准、气候影响评估、环境社会影响管理、性别平等、财务可持续性和创新性等，以确保投资环境和社会影响的可持续性。例如，GCF要求拟投项目须为可再生能源、节能减排、绿色建筑、清洁交通等符合国际公认的绿色投资标准的项目，并评估拟投项目对推动气候变化减缓和适应的潜力，要求提供拟投项目温室气体减排量、直接和间接受益人女性数、财务内部收益率和经济内部收益率等指标。

一般来说，GCF对单个项目的投资上限为1亿美元，且其投资比例不超过项目总投资的50%；但GCF重视支持100万美元以下的小型项目，对这类项目的投资比例可达到100%，这主要是考虑对中小企业和弱势群体的支持。此外，对于大于1亿美元的大型项目，GCF会采用灵活处理的方式进行投资，但会更加严格地对技术环境和社会影响进行评估，确保资金使用的效率和气候效益最大化。此外，GCF鼓励社会资本参与投资，其中最主要的一个机制为私营部门资金机制（Private Sector Facility），主要是为了吸引和动员私营部门参与气候融资，以充分发挥资金的杠杆效应。

2.实施情况

从全球范围来看，截至2024年5月，GCF共批准了253个项目，资金规模达到139亿美元，其中89%的项目进入实施阶段，资金规模为121亿美元，4.4亿美元的资金已直接拨付给正在实施的项目。[①]

GCF在中国的本地化投资平台，包括山东绿色发展基金（SGDF）和威海平行基金。SGDF是GCF与中国地方政府成功合作的典型案例，是GCF与山东省政府2020年共同发起成立的绿色投资基金，总规模为5亿美元。其中，GCF出资1.5亿美元，山东省政府及社会资本出资3.5亿美元，通过股权投资、债权投资等方式，主要投资于山东省内的气候变化减缓和适应项

---

① 根据GCF官方网站。

目，包括可再生能源、能效提升、生态修复、绿色低碳基础设施建设等。自成立以来，SGDF已累计投资超过20个绿色低碳项目。威海平行基金是2021年GCF与山东省威海市政府共同发起成立的绿色投资基金，总规模10亿元，首期规模5亿元，投资方式包括股权投资、债权投资等，同时灵活运用优先股、可转债等不同金融工具进行投资。例如，2023年11月，威海平行基金投资的威海经济开发区九龙河流域综合治理一期子项目落地，根据GCF官网项目资料，该项目总投资为4.46亿元，基金通过债权方式向项目公司投资2亿元人民币，期限为6年，资金将全部用于九龙河流域综合治理，完工后将有效提升九龙河河道两岸生态环境，为市民提供休闲游玩好去处。项目实施后每年将实现固碳量1075.65吨二氧化碳当量，直接受益人口数达到12.39万人。

3. 特点点评

首先，GCF作为国际知名绿色基金，仍面临巨大的资金缺口。根据《2022中国气候融资报告》和《2021年全球气候投融资报告》，全球气候资金规模虽然稳步增长，但仍面临巨大的资金缺口，远未达到估计的融资需求。其次，资金分配不均衡也是一个重要问题。联合国绿色气候基金的资本池虽然有增加计划，但在实际操作中，资金的分配并不均衡，大多数新兴经济体和发展中国家既没有足够的资金来降低排放也没有足够的资金来推进绿色转型。最后，投融资信息不对称也是一个关键问题。绿色金融领域存在产融信息不对称的问题，一些优质的绿色项目对接不到金融资源，金融机构的绿色金融产品匹配不到合适的项目，导致银企双方无法有效对接。这种信息不对称不仅影响了资金的有效利用，也阻碍了绿色金融的发展。

第五节　绿色保险

一、定义及特点

国内最早正式提出绿色保险理念是在2016年8月，中国人民银行、财政部等七部委联合印发的《关于构建绿色金融体系的指导意见》，规定将绿色保险纳入绿色金融体系范畴，并对发展绿色保险提出三项要求：一是在环境高风险领域建立环境污染强制责任保险制度；二是鼓励和支持保险机构创新绿色保险产品和服务；三是鼓励和支持保险机构参与环境风险治理体系建设。这三项要求为绿色保险的发展提供了顶层设计，至此，绿色保险正式在国内发展起来。

为了实现绿色保险可统计可监测，提升绿色保险政策制定的有效性和针对性，引导绿色保险健康、有序发展，2022年11月11日，原中国银保监会发布《关于印发绿色保险业务统计制度的通知》（以下简称《通知》）。根据《通知》，绿色保险是指保险业在环境资源保护与社会治理、绿色产业运行和绿色生活消费等方面提供风险保障和资金支持等经济行为的统称。

保险行业是受气候变化影响最大，也是最早进入应对气候变化领域的金融部门。保险行业在应对气候变化进程中，可以运用风险管理和资金运用的功能，支持绿色产业发展、传统行业低碳转型。在全球气候明显恶化的背景下，越来越多的企业选择保险作为企业风险防范和风险管理的手段，给保险行业提供了更多市场需求。绿色保险按资金投向主要可以分为以下四种。

碳排放保险。这类保险产品旨在帮助企业和组织管理和减少其碳排放。包括：碳排放损失险，为企业在碳排放减少计划中出现的损失提供保障；碳排放险，为企业提供在碳排放交易市场中的风险管理；碳排放责任保险，帮助企业承担其排放责任。

可再生能源保险。这类保险产品旨在为可再生能源项目提供保障。包括风电项目保险、太阳能项目保险等，保障项目在发电过程中出现的损失。

生态环境保险。这类保险产品旨在为生态环境保护项目提供支持。包括生态修复保险、生物多样性保险等，保障生态环境项目的可持续发展。

可持续发展保险。这类保险产品旨在支持可持续发展项目。包括节能减排保险、环保工程保险等，为企业和组织在可持续发展过程中提供保障。

在险种方面，保险行业积极探索绿色企业贷款保证险、绿色产业运营保险等创新绿色保险，发展巨灾保险、环境污染责任险等成熟险种，助力绿色产业发展。在服务方面，保险公司开始提供环境风险评估、绿色投资咨询等服务，为客户提供更加全面的环保保险解决方案。

二、案例解析

（一）案例1：绿色保险与民生福祉[①]

1.项目背景

2023年，中央一号文件指出，"强国必先强农，农强方能国强"。平安产险围绕乡村振兴重大战略部署，创新农业保险保障模式，打造融资增信险、科技型农险、服务型农险，为农村全产业链的发展和升级保驾护航。

---

① 根据《中国平安财产保险股份有限公司2023年度企业社会责任报告》。

2.实施情况

融资增信险。针对农户或小微企业面临的融资难问题，平安产险推广"振兴保"产业帮扶项目，助力农村特色全产业链发展，全面推进"保险下乡"。截至2023年末，平安产险累计落地"振兴保"项目295个，服务覆盖村民298万名，累计提供超1.9万亿风险保障；撬动产业发展资金50.41亿元，助力77.5万农户年增收93亿元。广东清远推出"麻竹笋价格指数保险"，2023年首年试点以1.2元/斤价格为农户托底，提高清远市重点区域麻竹笋抵抗价格波动风险的能力；同时，以保险增信，解决经营主体融资难题，平安产险联合清远市邮政储蓄银行，在清远市首创"保险+信贷"模式，推动西牛镇麻竹笋产业扩规模、提品质、延链条、拓市场、强品牌，为麻竹笋产业赋动能。自2023年3月推动麻竹笋价格指数保险以来，累计投保农户108户，签单面积超1.87万亩，提供保障金额超2680万元，质押放贷金额超200万元。2023年6—8月麻竹笋市场平均收购价格为1.34元/斤，同比上涨30%；麻竹笋新增种植面积17万亩，同比增长27%。

科技型农险。在种植险方面，平安产险基于卫星遥感技术，科学布局监测点，分析农作物的长势情况、输出监测报告，及时了解受灾动态，监控全周期农作物风险状况；同时，借助卫星遥感、无人机等技术，结合地面抽样，实现农作物的快速查勘、定损、赔付。在养殖险方面，平安产险借助AI技术，研发了牛脸识别、智能点数、生猪智能测长称重等工具，替代传统的验标、定损方式，有效降低疾病传播风险，提升理赔效率。此外，平安产险在国内首创服务于农户的平安爱农宝应用程序，农户通过该应用程序，可自助完成在线报案、在线索赔、在线损失确认等操作，实现养殖险小额案件自动定损、快速赔付，最快报案结案时长仅11分钟。卫星遥感、人工智能等农险科学技术的应用，大幅度提升平安农险服务效率。截至2023年12月，平安产险累计支付农险赔款超53.4亿元，同比增长

46.5%，为超308万农户灾后恢复农业生产提供重要资金支撑。

服务型农险。在助力农产品品牌打造方面，平安产险利用区块链技术，打造智慧农业溯源平台，实现农产品生产全过程追踪监管，切实保障农产品质量安全；同时以"溯源保险+产品质量保证保险"双重保障，进一步提高消费者对国产农产品品牌信任度。截至2023年，"溯源防伪+保险护航"模式已覆盖枸杞、苹果、荔枝等超30个品类。在助农协销方面，平安产险依托自身科技资源优势，持续推进"乡村振兴五个100"助农直播协销活动，在"平安好车主"平台商城建立助农专区，打开农产品销售渠道，扩大消费者受众群体。2023年，平安产险在全国共组织65场"乡村振兴五个100"助农直播协销活动，先后引入超200家助农企业入驻平台，协销总订单152.24万单，总金额2176.99万元。

3.特点点评

平安产险提供的融资增信险、科技型农险和服务型农险三种类型农业保险，成功实现了从保险产品到保险服务的创新，多样丰富的运用场景，在资金、种植、管理和销售各个环节中解决了痛点问题，为绿色农村产业的发展保驾护航。

（二）案例2：绿色保险与环境保护[①]

1.项目背景

碳汇[②]，是指通过植树造林、植被恢复等措施，吸收大气中的二氧化碳，从而减少温室气体在大气中浓度的过程、活动或机制，包括森林碳汇、草地碳汇、耕地碳汇、土壤碳汇、海洋碳汇等。湿地与森林、海洋并

---

① 根据《中国人寿财产保险股份有限公司2022年度社会责任报告》。
② "碳汇"一词来源于《联合国气候变化框架公约》缔约国签订的《京都议定书》，该议定书中将碳汇（Carbon Sink）定义为：任何清除大气中产生的温室气体、气溶胶或温室气体前体的任何过程、活动或机制。

称为地球三大生态系统，储碳总量占陆地生态系统的30%以上，在碳汇系统中发挥着重要作用。2022年，中国人寿财产保险股份有限公司积极探索产品创新，拓展绿色产品矩阵，实现碳汇指数保险在多领域行业首创，为环境保护和民生福祉提供更全面的保障。

2.实施情况

湿地碳汇遥感指数保险。以湿地的碳汇经济价值为补偿依据，赔款可用于湿地生态恢复、湿地资源培育等碳汇资源救助项目，对丰富扩大湿地资源合理利用、推动绿色金融支持湿地保护与发展具有重大引领性作用。2022年11月5日，中国人寿财险潍坊中心支公司与寿光市林业生态发展集团有限公司签订保险合同，为寿光市滨海湿地公园的644.47公顷湿地资源提供风险保障48.34万元。

林业碳汇指数保险。为服务国家"双碳"大局，中国人寿财产保险公司历时多年研究，率先在森林生态富余价值概念上引入保险机制。全国首创研究成果——林业碳汇指数保险，于2021年4月在龙岩新罗区落地，为新罗区林业产业提供2000万元碳汇损失风险保障，填补了国内外森林碳汇相关保险的空白。在首期保单期满后，新罗区林业局又与中国人寿财产保险公司续签了林业碳汇指数保险业务。目前，该项目已在福建三明、宁德等地市以及广西、广东、云南、甘肃、内蒙古等省（自治区）得到复制推广。

农业碳汇指数保险。2022年8月17日，全国首单农业碳汇保险在福建福鼎市试点落地，为福鼎市特色农业产业提供300万元碳汇损失风险保障。农业碳汇保险赔款可用于对灾后农业碳汇资源救助、提高农田土壤肥力、改善种植管理、培育技术创新等加强产业与农田生态功能修复的有关费用支出。出险后，借助卫星遥感技术高效监测损失情况，与主管部门联合查勘，可在灾后第一时间将赔款支付到位，为灾后减损、固碳能力修复争取宝贵时间。这是中国人寿财产保险公司继2021年全国首创林业碳汇指数保险后，助力"碳达峰、碳中和"的又一次大胆创新探索，为保险助推"双碳"行动、乡村振兴战略和绿色发展战略提供了新的模式，起到了积极的示范作用。

海洋碳汇指数保险。2022年5月7日，全国首单海洋碳汇指数保险在威海落地。该险种能有效化解海草床灾害风险，解决灾后海草床碳汇资源救助、灾后重建和养殖维护资金短缺的问题，促进了海洋碳汇市场化进程，6月24日，中国人寿财产保险公司与威海市文登区牡蛎养殖研究协会、山东灯塔水母海洋科技公司签订的保险合同正式生效，海洋碳汇指数保险添新品，全国首单渔业碳汇指数保险落地威海。此险种作为绿色保险产品，填补了海产品养殖碳汇指数保险的空白，使贝类养殖这一绿色产业获得了海洋碳汇和生产经营双重风险保障。

3.特点点评

保险公司推出的湿地碳汇遥感指数保险、林业碳汇指数保险、农业碳汇指数保险和海洋碳汇指数保险系列生态保险，是保险行业对传统产品和服务模式的一次创新，意图通过市场化手段促进生态保护、生态修复，为保险业服务国家生态战略、助推国家"双碳"目标达成以及全国绿色低碳经济发展提供有效模式和路径参考。

第六节　碳金融及其他绿色金融产品

一、定义及特点

碳金融产品指的是建立在碳排放权交易的基础上，服务于减少温室气体排放或者增加碳汇能力的商业活动，以碳配额和碳信用等碳排放权益为媒介或标的的资金融通活动载体。

碳排放权交易是指主管部门以碳排放权的形式分配给重点排放单位或温室气体减排项目开发单位，允许碳排放权在市场参与者之间进行交易、以社会成本效益最优的方式实现减排目标的市场化机制。

碳配额是指主管部门基于国家控制温室气体排放目标的要求，向被纳入温室气体减排管控范围的重点排放单位分配的规定时期内的碳排放额度。

碳信用是指项目主体依据相关方法学，开发温室气体自愿减排项目，经过第三方的审定和核查，依据其实现的温室气体减排量化效果所获得签发的减排量。国内主要的碳信用为"国家核证自愿减排量"（CCER），国际上主要的碳信用为《京都议定书》清洁发展机制（CDM）下的核证减排量（CER）。[①]

根据碳金融产品的不同用途，可以将其分为三类：第一，碳市场融资工具，包括但不限于碳债券、碳资产抵质押融资、碳资产回购、碳资产托管等；第二，碳市场交易工具，包括但不限于碳远期、碳期货、碳期权、碳掉期、碳借贷等；第三，碳市场支持工具，包括但不限于碳指数、碳保

[①] 碳排放权交易、碳配额和碳信用的定义均引自中国证券监督管理委员会2022年发布《碳金融产品》的行业标准（JR/T 0244—2022）。

险、碳基金等。

作为我国绿色金融体系的重要组成部分，碳金融的主要目标是控制二氧化碳、甲烷、氧化亚氮、氢氟碳化合物、全氟碳化合物、六氟化硫六种温室气体的排放，通过搭建一个温室气体的交易平台，以市场化的手段促进企业主动承担减排的社会责任。碳金融能够为碳市场提供交易、融资、资产管理等工具，对碳市场形成合理碳价、提升交易活跃度有着重要的推动作用。综合来看，碳金融市场的作用主要体现在三个方面：价格发现、资金融通和流动性提升。

在价格发现方面，碳金融能在一级市场、二级市场以及衍生品市场中为碳排放权形成合理的价格。在一级市场中，部分试点引入拍卖机制，旨在通过碳价水平来反映有关企业的减排成本及意愿。在二级市场中，碳配额现货交易能够通过供求关系的变化来决定碳价，进而影响相关参与者的履约行为和投融资决策。在衍生品市场中，碳远期、碳期货、碳期权等金融工具还可以反映碳价预期，并最终将对未来的预期传导至现货市场，形成价格反馈机制。

在资金融通方面，碳市场融资工具扮演着至关重要的中介角色。以碳资产抵质押融资为例，将碳资产作为基础标的进行抵质押，能有效拓宽企业的融资渠道，提升资本配置效率，实现资金的有效融通。

在提高流动性方面，碳金融市场可以通过丰富金融工具和增加参与实体范围来有效提高市场流动性和活跃度。首先，在碳市场频繁出现业绩潮和碳价格大幅波动的背景下，积极探索和发展碳期货等碳金融衍生品至关重要。这种衍生品可以为减排公司或相关供需方提供一个高效的交易平台，根据趋势分析锁定未来价格。它不仅可以显著降低交易搜索成本，还可以有效避免自有碳资产缩水的风险，达到套期保值的目的。这对平滑周期性波动和提高碳配额交易市场的流动性具有积极作用。其次，与现货市场相比，衍生品市场的参与范围更广，不仅允许机构投资者参与，还向个人投资者开放。这有利于吸引投资经验丰富、资金实力雄厚的各类市场主体参与交易，大大扩大碳市场交易的参与者范围。特别是证券公司等专业金融机构进入碳金融市场后，可以充分利用其在流动性较低的市场中的做市和交易经验，有效缩小碳市场中的碳价格差距，提供必要的流动性支持。

二、案例解析

（一）案例1：碳市场与降本增效[①]

1.项目背景

碳市场是通过市场机制控制和减少二氧化碳等温室气体排放、助力积极稳妥推进碳达峰碳中和的重要政策工具。我国碳市场由全国碳排放权交易市场（强制碳市场）和全国温室气体自愿减排交易市场（自愿碳市场）组成。其中，全国温室气体自愿减排交易市场于2024年初在北京启动，国内主要的碳信用交易产品是"国家核证自愿减排量"（CCER），经营主体按照国家规定，自愿开发和实施可再生能源、林业碳汇等减排项目，以减少温室气体排放、增加碳汇，最终达到保护环境的目的。

2.实施情况

2024年9月，中国石油气电集团中海油电力投资有限公司（简称海油电投）、中海油能源发展股份有限公司（简称海油发展）和大庆中石油国际事业有限公司（简称大庆国事），在北京绿色交易所完成79万吨CCER购入和出售交易。该笔交易是继海油发展与海油电投于2024年1月22日在全国温室气体自愿减排交易市场启动首日达成25万吨CCER交易后的第二次交

---

① 根据人民网《温室气体自愿减排交易助力国资央企降本增效》。

易，双方以海油发展所持有的"40万吨/年煅后焦工程余热利用热电联产项目"减排量为交易标的物，创造了中国海油CCER碳资产的历史最大单笔交易。

为高效盘活中国海油现有碳资产，助力中国海油实现低碳产品价值最大化，海油电投立足所属电厂和目标客户履约需求，充分挖掘该笔碳资产市场价值。一方面，强化碳履约"精益化管理"，用CCER置换全国碳配额（CEA），实现低成本履约；另一方面，精准定位目标市场，积极寻找外部优质客户，在可执行性、合规性、履约确定性、企业性质等多方面进行权衡比较，最后选定大庆国事作为终端购买客户用于抵消其自身的碳排放履约，助力央企降本增效。

3.特点点评

作为能源央企，此次中国海油和中国石油的CCER交易将激励更广泛的行业、企业和社会各界参与到温室气体减排行动中来，对通过市场机制实现"双碳"目标具有很好的示范意义。随着我国碳市场建设日趋完善，多元化的碳市场体系将进一步提升全国绿色低碳发展水平，对建立健全生态产品价值实现机制提供有力支撑。

（二）案例2：碳排放质押与产业转型[①]

1.项目背景

碳排放权质押贷款是碳金融产品的一项重要创新，可以有效盘活企业碳资产，为企业转型升级缓解融资压力，激发企业参与碳交易的积极性与践行"双碳"目标的动力。

---

① 根据新华网《交通银行广东省分行落地广东首笔基于全国碳市场的碳排放权质押贷款》。

2.实施情况

当前控排企业碳排放配额的主要来源有生态环境部核发的碳配额、各省市核发的地方性碳配额，分别在全国碳排放权交易市场和各区域试点碳排放权交易市场履约、交易。2023年10月，在中国人民银行广东省分行、韶关市分行及韶关市生态环境局的指导下，韶关分行为韶关某电力公司成功发放碳排放权质押贷款2000万元。交通银行韶关分行以"碳排放配额质押+固定资产抵押"组合增信，将企业结余的22万吨全国碳市场碳排放配额的部分配额通过"中国人民银行征信中心动产融资统一登记公示系统质押登记+中碳登动态监控"的模式，顺利为韶关某电力公司提供低于LPR（贷款市场报价利率）55个基点的优惠利率流动资金贷款2000万元，用于支持企业升级设备以提升能源利用效率。产业升级需要大量的资金投入，碳排放质押通过管理企业自身的碳资产将社会资金引导到项目中，显著降低了企业的融资成本，为其提供了一定的资金保障。

交通银行广东省分行研究出台碳资产质押管理办法，配套充足的融资额度，提供专项绿色审批通道，积极走访企业了解碳排放配额履约进度和配额节余情况。截至2023年底，广东金融机构利用区域碳市场先行先试的优势已经发放33笔碳排放权质押贷款，在开展碳排放权质押融资业务方面积累了一定的经验。

3.特点点评

与传统质押业务相比较，碳排放质押融资业务的不确定性更高。首先，碳配额作为担保物，相较于传统担保物来说价格波动幅度较大。碳配额在担保权实现时的价值，可能远不及同种碳配额在担保协议签订时的价值，也可能远低于担保权人的预期。这将会导致担保物价值难以覆盖全部主债权的额度，使担保权人的利益受损。为避免这种情况的出现给担保权人带来较大的损失，应要求担保人提供其他具有稳定价值的资产作为共同担保物，如案例中交通银行韶关分行采用了"碳排放配额质押+固定资产抵押"的组合进行增信。

此外，若担保期限较长，跨过了控排企业的履约周期，则控排企业担保人可能没有足够数量的碳配额用于履约。若控排企业届时没有足够的资金偿还借款并将碳配额解押或者在市场上购买不足部分的碳配额，根据全国和各地方市场的相关规定，未能按期履约的控排企业将被处以罚款，并被核减下一年度的碳配额，因此，控排企业碳配额的稳定性也需重点关注。

第七节　案例启示

绿色金融工具，除了绿色信贷、绿色债券、绿色基金、绿色保险、碳金融产品，还有绿色租赁、绿色信托、绿色票据、绿色股权投资和绿色资产证券化等。这些金融工具共同构成了绿色金融的多元化服务体系。中国绿色金融发展迅速，已经成为全球绿色金融市场的领军者之一。2022年，中国绿色债券发行量创历史新高。中国在境内外市场发行了1550亿美元（合人民币1万亿元）贴标绿色债券，同比增长35%；截至2022年末，贴标债券发行规模累计达到4890亿美元（合人民币3.3万亿元）。[①]同时，绿色信贷、绿色基金、绿色保险等领域也取得显著的进展，但绿色经济的发展仍存在一定的问题。一方面，绿色经济存在巨大的投资资金缺口；另一方

---

① 数据引自《中国可持续债券市场报告2022》。

面，因为相关制度和投资标准的缺失，绿色金融产品出现一定程度的野蛮生长，绿色产业风险与利益不匹配、绿色企业短债长投、绿色资产定价主观等问题也将影响市场的健康发展。

首先，绿色经济所需的投资资金缺口大。以碳达峰为例，根据国家发改委价格监测中心的测算，中国要在2030年实现碳达峰，每年需要的资金为3.1万—3.6万亿元，但是当前的资金供给严重不足，每年只有0.53万亿元。[①]因此需要建立、完善绿色金融政策体系，引导和激励金融体系支持绿色投融资活动。

其次，绿色产业风险与利益不匹配，打击了金融主体的积极性。绿色金融项目普遍期限较长且存在明显正外部性，导致其风险较高且无法提供与之匹配的稳定的高收益。此外，因为绿色金融相关的风光水电、农林牧渔等产业需求涉及的专业知识较多，部分金融主体无法对绿色金融项目的风险进行准确有效的评估，进而对绿色金融产业投资产生了畏惧心理。因此，需要在投资信息披露和风险评级方面统一标准。金融行业强调公平与信息对称，资本市场需要公平、公正、公开。同时，制定标准时需借鉴国外经验，尽量与国际接轨，不过分强调特殊性，推动资本的跨国融通。

再次，绿色企业短债长投现象突出，存在资金期限错配的问题。绿色金融项目大部分需要长期资金，近年来我国货币政策波动较大，金融机构难以对未来形成稳定的预期，叠加经济下行，债券的期限溢价较小，因此，绿色企业有时会进行短债长投。这是绿色企业在不完善金融体系下的无奈选择。要想解决我国绿色企业的投融资期限错配问题，必须从制度成因着手，逐步提升非债券融资、非信贷融资的比重，优化市场结构。

最后，我国绿色资产定价缺乏量化模型，存在主观性。以新能源项目

---

① 根据新华财经《实现碳中和"30·60"目标　大力发展绿色金融》。

为例，因其所需资金规模大，周期长，回报资金不稳定，项目存在较大的不确定性，现有的定价模型对违约风险和项目可持续性的刻画不完善，使得实用效果不佳。这些项目仍主要依靠发行询价的方式确定价格，导致价格偏离价值的情况时有发生，产生套利机会，不利于资金有效流入绿色产业。此外，由于绿色资产存在正向外部性，绿色资产应该有更低的基准利率，而我国常使用普通国债收益率，缺乏锚定标准。

未来，绿色金融要取得长足的发展，必须尽快建立起完善的正向激励机制，出台统一的监管规则和行业标准，优化资金期限结构，并不断对定价机制进行迭代更新。

第五章　中国绿色金融发展的启示

中华文明五千多年延绵不断，在长期演进过程中，形成了中国人民看待世界、看待社会、看待人生的独特价值体系、文化内涵以及精神品质。中国特色金融发展之路遵循现代金融发展的客观规律，具有鲜明特色，更适合我国国情，与西方金融模式有着本质区别。绿色金融作为金融五大篇章之一，逐渐探索具有中国特色的发展途径，并为全球绿色金融发展提供可资借鉴的启示。

第一节　立足国情文化发展基础

中国作为世界上最大的发展中国家，其绿色金融发展背景与西方国家存在显著差异。《庄子·则阳》篇曾讲，"合异以为同，散同以为异"，将不同和差异的东西统合起来就是"共同"，将共同的东西分散开就是差异。指出事物的多样性具有创造力，差异性和多样性就是造就整体性和共同性的力量。在金融文化方面，中国自古以来形成了丰富、优秀的金融思想和文化传统，诚实守信、义利相兼是中华民族在长期社会活动中积累的道德观、经营观的重要体现。"农工商交易之路通，而龟贝金钱刀布之币兴焉""信，国之宝也，民之所庇也"等理念，与现代金融治理高度契合。在经济形势方面，中国正经历着前所未有的经济转型和产业升级，同时面临环境容量有限、生态系统脆弱的现实国情，这不仅催生了巨大的绿色金融需求，也推动了政府和企业对绿色发展的高度重视。中国坚持绿色发展理念，通过实施一系列环保政策，加大对绿色产业的扶持力度，为绿色金融的发展提供了坚实的政策支持和市场基础。这种国情特点，使中国绿色金融在推动经济可持续发展和环境保护方面发挥着不可替代的作用。特别是党的十八大以来，习近平生态文明思想为新时代生态文明建设、绿色低碳发展提供了根本遵循和行动指南。

生态文明建设是关乎中华民族永续发展的根本大计，绿色发展是生态文明建设的必然要求。党的十八大以来，以习近平同志为核心的党中央深刻把握生态文明建设在新时代中国特色社会主义事业中的重要地位和战略意义，创造性地提出一系列新理念新思想新战略，形成了习近平生态文明思想，为新时代生态文明建设、绿色低碳发展提供了根本遵循和行动指南。党的十八大把生态文明建设纳入中国特色社会主义事业"五位一体"总体布局，上升到前所未有的战略高度。党的十八届五中全会提出创新、协调、绿色、开放、共享的新发展理念，其中绿色是永续发展的必要条件和人民对美好生活追求的重要体现。党的十九大把"坚持人与自然和谐共生"纳入新时代坚持和发展中国特色社会主义的基本方略，把"美丽中国"纳入社会主义现代化强国目标。党的二十大报告要求，推进美丽中国建设，必须加快发展方式绿色转型。在推动高质量发展过程中，要牢固树立和践行"绿水青山就是金山银山"的理念，统筹好经济社会发展和生态环境保护的关系，坚定不移走绿色发展之路，让绿色成为高质量发展的鲜明底色。

绿色发展理念是马克思主义生态文明理论同我国经济社会发展实际相结合的创新理念，是深刻体现新阶段我国经济社会发展规律的重大理念。在坚定不移走绿色发展道路的进程中，中国积累了很多宝贵的历史经验，《新时代的中国绿色发展》白皮书从四个方面进行了凝练。

一是坚持以人民为中心的发展思想。以人民为中心是中国共产党的根本执政理念，良好生态环境是最公平的公共产品、最普惠的民生福祉。随着中国现代化建设的不断推进和人民生活水平的不断提高，我国社会主要矛盾已经转化为人民日益增长的美好生活需要和不平衡不充分的发展之间的矛盾，人民对优美生态环境的需要更加迫切，生态环境在人民生活幸福指数中的地位不断凸显。中国顺应人民日益增长的优美生态环境需要，坚持生态惠民、生态利民、生态为民，大力推行绿色生产生活方式，重点解决损害群众健康的突出环境问题，持续改善生态环境质量，提供更多优质生态产品，让人民在优美生态环境中有更多的获得感、幸福感、安全感。

二是着眼中华民族永续发展。中国立足环境容量有限、生态系统脆弱的现实国情，既为当代发展谋，也为子孙万代计，把生态文明建设作为关系中华民族永续发展的根本大计，既要金山银山也要绿水青山，推动绿水青山转化为金山银山，让自然财富、生态财富源源不断带来经济财富、社会财富，实现经济效益、生态效益、社会效益同步提升，建设人与自然和谐共生的现代化。在福建省三明市将乐县，我国首批林业碳票正式出炉，生态公益林可折算成碳减排量进行交易；在浙江杭州市临安区，各镇街自然生态资源的增减情况通过数字管理平台实现可视化，落实生态补偿机制有了清晰依据；在江西省抚州市金溪县，创新推出的"古村落金融贷"引来金融活水，推动古村古建融入生态文化旅游产业……实践证明，积极拓宽"绿水青山就是金山银山"转化通道，建立健全生态产品价值实现机制，能让群众共享生态红利，切实感受到实实在在的环境效益。

三是坚持系统观念统筹推进。中国把系统观念贯穿到经济社会发展和生态环境保护全过程，正确处理发展和保护、全局和局部、当前和长远等一系列关系，构建科学适度有序的国土空间布局体系、绿色低碳循环发展的经济体系、约束和激励并举的制度体系，统筹产业结构调整、污染治理、生态保护、应对气候变化，协同推进降碳、减污、扩绿、增长，推进生态优先、节约集约、绿色低碳发展，形成节约资源和保护环境的空间格局、产业结构、生产方式、生活方式，推动加快经济社会发展全面绿色转型。

四是坚持共谋全球可持续发展。保护生态环境、应对气候变化，是全人类的共同责任。只有世界各国团结合作、共同努力，携手推进绿色可持续发展，才能维持地球生态整体平衡，守护好全人类赖以生存的唯一家园。中国站在对人类文明负责的高度，积极参与全球环境治理，向世界承诺力争于2030年前实现碳达峰、2060年前实现碳中和，以"碳达峰碳中和"目标为牵引推动绿色转型，以更加积极的姿态开展绿色发展双多边国际合作，推动构建公平合理、合作共赢的全球环境治理体系，为全球可持续发展贡献智慧和力量。

第二节　坚持民生福祉价值取向

坚持以人民为中心的价值取向，是中国特色金融发展之路的重要经验之一。中国绿色金融的发展秉持以政策为导向、服务于民生福祉的独特路径，这种政策与民生的紧密结合不仅体现于环境保护和经济转型的宏观规划中，更深刻地反映在社会公共利益的维护和人民生活质量的提升上。

一、关注区域协调发展

在全球绿色金融发展过程中，许多国家侧重于推动市场导向的绿色投资，以应对气候变化和环境挑战。然而，中国在绿色金融的实践中，特别注重将绿色金融与区域发展政策相结合，尤其关注中西部欠发达地区的经济和生态转型。为了实现这一目标，中国政府通过制定和实施一系列差异化的绿色金融政策，如绿色信贷优惠、绿色债券发行和专项财政补贴，鼓励金融机构和投资者将资金投向这些地区的绿色产业。例如，在甘肃、宁夏等中西部省份，政府通过政策引导和资金支持，大力发展光伏发电、风电等可再生能源项目，这些项目不仅为当地提供了稳定的清洁能源供应，还促进了产业结构的优化和就业机会的增加。这种将绿色金融与区域政策相结合的做法，有效缓解了区域发展的不平衡，为欠发达地区的经济可持续发展提供了新的动力。

二、关注公共服务设施建设

绿色发展的一项重要社会任务便是缩小城乡人口和地区之间在基础设施发展方面的差距，同时扩大社会保障网络，提高全民服务水平，以消除满足人民日益增长的美好生活需要和不平衡不充分的发展之间的矛盾。

中国政府在制定绿色金融政策时，将这一绿色发展理念深度融入国家发展战略，形成了从中央到地方的系统化布局。政策推动不仅限于宏观层面的战略部署，还具体落实到清洁能源、绿色交通、节能建筑等与民生密切相关的领域。例如，在政策的引导下，大规模的可再生能源投资不仅加速了经济转型，还显著改善了公众居住环境，减少了空气污染，从而提升了人民的整体生活水平。

特别值得一提的是，农村地区在这一政策框架下受益显著。在国家政策的引导下，许多银行和金融机构推出了支持农村污水处理、垃圾分类以及可再生能源应用的专项贷款。这些金融举措与中国乡村振兴战略紧密契合，不仅帮助农村地区走上绿色发展之路，还推动了当地经济的可持续增长。同时，这些措施促进了城乡绿色发展目标的一致性，为全面实现生态文明建设提供了有力支持。

三、关注公平和效益相结合

中国绿色金融政策的民生导向，体现社会包容性。政府不仅通过一系列政策工具调动金融机构支持绿色项目，还通过补贴和优惠措施，降低了公众参与绿色发展的门槛与成本。例如，在居民住宅节能改造项目中，政府为低收入群体提供补贴，帮助其改善居住环境，这不仅推动了社会公平，还助力了整体可持续发展目标的实现。

中国绿色金融在碳市场建设方面的实践，也体现了其独特的公平与效益相结合的原则。与其他国家直接建立全国碳市场不同，中国采取分阶段、分地区的试点策略，在北京、上海、深圳等七个省市先行试点碳交易市场，通过试点积累经验，逐步完善碳交易机制，为全国碳市场的推广提供了科学依据和实践基础。2021年，全国碳市场正式启动，首先纳入发电行业，逐步扩展至钢铁、水泥等高排放行业。在这一过程中，中国政府充分考虑到各地区经济发展水平和产业结构的差异，采取差异化的碳配额和补贴政策，确保碳市场建设既能有效降低碳排放，又能避免对欠发达地区和高能耗产业造成过大的经济冲击。这种注重公平性和差异化的政策，使中国碳市场在促进全国范围内的低碳转型的同时，保持了区域经济的相对稳定。

四、关注普惠包容

绿色金融通过与科技创新、普惠金融等之间的协同发展，更好地发挥绿色金融公共品的优势特征，推动共同富裕、巩固脱贫等中国特色ESG社会责任目标实现。我国金融市场发展实践表明，绿色金融在金融业中的作用不仅是实现了绿色产业增长，更推动并实现了共同富裕和巩固脱贫成果等中国特色的ESG目标。

在全球范围内，一些国家的绿色金融政策在推动绿色转型的过程中，往往侧重于大规模资本市场的动员和大企业的参与，较少考虑不同地区、不同规模企业以及低收入群体的利益。而中国的绿色金融政策，则体现出更多的普惠性和包容性。通过制定绿色信贷指引和政策性金融工具，中国政府鼓励中小企业和地方政府在绿色项目投资中发挥更大作用。例如，中国农业银行和国家开发银行等金融机构，针对中西部农村地区推出了绿色信贷产品，支持小规模农户和地方企业发展绿色农业和生态修复项目。这种政策设计不仅促进了绿色产业的发展，也为农村和欠发达地区的居民创造了新的经济机会和收入来源，体现了绿色金融对巩固脱贫成果、推动共同富裕的贡献。

第三节　体现国际责任担当

中国绿色金融的发展不仅体现在解决国内环境问题和推动经济的可持

续发展，还体现在全球环境治理中的责任感和领导力。中国积极参与并倡导在国际层面构建全球绿色金融治理体系。这一努力体现在与诸多国际组织的深度合作中，如与联合国、世界银行、国际货币基金组织等全球主要组织的协调和协作。通过这些平台，中国推动全球绿色金融标准的制定和推广，为形成统一的全球绿色金融框架奠定了基础。

首先，中国政府提出的"一带一路"绿色发展北京倡议，是推动全球绿色金融和可持续发展的重要举措之一。通过这一倡议，中国与共建国家在绿色基础设施、绿色能源、绿色农业等领域展开深度合作。中国不仅提供了大规模的资金支持，还推动了技术创新和经验共享。例如，在可再生能源项目方面，中国协助多个"一带一路"共建国家建设清洁能源设施，减少对传统化石燃料的依赖，从而推动全球范围内的能源转型。这一合作模式不仅有助于共建国家实现经济可持续增长，还助力全球碳减排目标的实现。

其次，中国积极参与全球气候基金的设立和运作，以帮助其他发展中国家应对气候变化、改善环境质量。通过向绿色气候基金（GCF）等国际组织提供资金支持，中国为发展中国家提供了有效的金融工具，帮助其应对气候变化带来的严峻挑战。例如，在非洲、东南亚等地区，中国不仅提供了资金支持，还通过技术转让、能力建设和经验分享，帮助这些国家更好地应对气候变化，改善生态环境。中国也与国际金融机构，如亚洲基础设施投资银行（AIIB）和金砖国家新开发银行（NDB），保持紧密合作。这些机构在绿色基础设施项目中的投资和支持，为全球绿色金融发展注入了新的动力。

最后，在多边机制方面，中国通过二十国集团（G20）等国际经济合作平台，发挥了关键作用。特别是在2016年担任G20主席国期间，中国推动成立了"绿色金融研究小组"（Green Finance Study Group），以研究和推广绿色金融的创新实践。通过这一小组，中国参与制定了绿色债券指引、环境信息披露标准等一系列关键性政策，推动了全球绿色金融市场的健康发展。绿色债券作为一种新兴的金融工具，具有引导资本流向绿色产业、推动低碳转型的巨大潜力。而中国的积极倡导不仅增强了这一市场的透明度和标准化，还促进了跨国界的合作，推动了全球资本向绿色项目的高效流动。

第四节　发挥体制机制优势

一般来说，国外绿色金融的发展主要由金融机构推动，政府提供辅助支持。而中国等新兴市场国家的绿色金融体系则是由政策主导，形成"自上而下"的，以政府管理和金融监管为主体、市场与政府共同参与的发展模式。一方面，由于谋求绿色发展增加的项目成本会削弱金融机构的积极性，需要政府适当的政策引导和监督管理。另一方面，市场化机制可以推动资源优化配置，提高绿色金融发展效率。

通过制定详细且富有针对性的绿色金融政策和标准，引导金融机构和企业积极参与绿色投资，推动绿色经济持续健康发展。同时，中国还建立了完善的绿色金融监管体系，强化对绿色金融市场的监管和风险防范，确保绿色金融市场规范有序运行。这些制度的建立和实施，为中国绿色金融的发展提供了坚实的制度保障。

一、顶层设计与基层探索相结合

中国的绿色发展政策，涵盖了广泛的法律法规、政策措施、管理体制以及财税政策。这些制度的设计与实施是为了解决日益严重的环境问题，推动国家走向可持续发展之路。中央政府通过制定系统的法律框架和政策文件，为全国各地的绿色发展提供明确的方向和强有力的支持。而地方政府则在中央指导下，根据本地的实际情况，制定并实施具体的绿色发展规划与管理措施，共同构建起中国绿色发展政策的完整体系。

（一）中央层面的绿色发展政策

中国的绿色发展政策首先在中央政府层面得以体现。中央政府通过法律和政策框架，为各级政府和社会各界指明方向。绿色制度的核心是环境保护法律体系的建立和完善。这一法律体系覆盖了各个关键领域，包括《环境保护法》《大气污染防治法》《水污染防治法》《固体废物污染环境防治法》《土壤污染防治法》等。这些法律不仅为环境保护工作提供了法律依据，还明确规定了各级政府、企业和社会公众在环境保护中的责任和义务。这些法律通过对污染排放的严格控制，资源利用的合理规划，以及生态系统的全面保护，确保环境保护工作的法治化和规范化。

除法律框架外，中央政府还通过一系列政策文件推动绿色发展，并将其作为国家战略的核心组成部分。关键文件如《生态文明体制改革总体方案》《"十三五"国家生态环境保护规划》《关于加快推进生态文明建设的意见》等，明确了绿色发展的总体目标和方向。这些文件提出构建绿色经济、发展绿色能源、推动绿色交通以及促进绿色建筑等多个领域的具体实施路径。例如，《生态文明体制改革总体方案》详细描述了如何通过体制机制的创新推动生态文明建设，《"十三五"国家生态环境保护规划》则通过具体指标和目标，指导各地政府在经济社会发展的过程中兼顾生态环境保护。

财税政策也是中央层面绿色发展政策的重要组成部分。中央政府通过实施一系列绿色税收政策，如环境保护税、资源税等，鼓励企业减少污染排放和资源消耗。这些税收政策不仅为企业提供了强大的激励机制，也在一定程度上为环境保护提供了经济支持。此外，中央政府还建立了生态补偿机制，通过财政转移支付和生态保护补偿，支持地方政府在生态环境保护方面的工作。这种机制在一定程度上缓解了地方政府在绿色发展中的财政压力，确保地方能够在绿色发展的道路上取得实质性进展。

表5-1　中国绿色金融顶层设计相关战略

发文时间	政策名称	政策简介
2015	《生态文明体制改革总体方案》	首次提出构建中国绿色金融体系
2016.03	《"十三五"规划纲要》	明确提出"建立绿色金融体系，发展绿色信贷、绿色证券，建立绿色发展基金"，将中国将绿色金融体系制度的建设上升为国家战略
2016.08	《关于构建绿色金融体系的指导意见》	包括35条具体的、可操作政策指南，成为构建绿色金融体系"四梁八柱"的纲领性文件。
2017	《金融业标准化体系建设发展规划（2016—2020年）》	将绿色金融标准化建设作为"十三五"时期金融业标准化的重点工程
2019	《绿色产业指导目录（2019年版）》	将绿色产业分为六大类并逐一编制相关解释说明，为绿色产业分类提供了统一的政策依据
2021	《关于完整准确全面贯彻新发展理念做好碳达峰、碳中和工作的意见》	要求积极发展绿色金融，建立健全绿色金融标准体系，为做好金融支持碳达峰、碳中和工作提供了基本遵循
2022.02	《金融标准化"十四五"发展规划》	加快完善绿色金融标准体系
2022.12	《扩大内需战略规划纲要（2022—2035年）》	一是从供需两端积极发展绿色低碳消费市场。面向消费端的绿色金融作为引导建立绿色生活方式的重要手段，可以通过个人碳账户、绿色信用卡等机制引导个人增加低碳行为，在逐步形成的绿色消费偏好中建立绿色居民消费体系。二是利用绿色金融支持可持续基础设施建设，如绿色建筑和绿色交通，以带动整体经济的可持续发展，确保基础设施投资具有长期的环境和经济效益

续表

发文时间	政策名称	政策简介
2023.03	《绿色产业指导目录（2023年版）》	在《绿色产业指导目录（2019年版）》的基础上，为更好适应绿色发展新形势、新任务、新要求而进行的更新修订
2024.03	《关于进一步强化金融支持绿色低碳发展的指导意见》	提出绿色金融未来5年的发展目标：国际领先的金融支持绿色低碳发展体系基本构建，金融基础设施、环境信息披露、风险管理、金融产品和市场、政策支持体系及绿色金融标准体系不断健全，绿色金融区域改革有序推进，国际合作更加密切，各类要素资源向绿色低碳领域有序聚集
2024.05	《关于银行业保险业做好金融"五篇大文章"的指导意见》	提出绿色金融未来发展的主要目标：绿色金融标准和评价体系更加完善，对绿色、低碳、循环经济的金融支持不断加强，绿色保险覆盖面进一步扩大，银行保险机构环境、社会和治理（ESG）表现持续提升
2024.10	《关于发挥绿色金融作用 服务美丽中国建设的意见》	从加大重点领域支持力度、提升绿色金融专业服务能力、丰富绿色金融产品和服务、强化实施保障四个方面提出19项重点举措

（二）地方层面的绿色发展政策

在中央政府的指导下，各地方政府结合本地实际，制定并实施具体的绿色发展政策和措施。地方政府首先在立法层面，依据中央的法律法规框架，制定符合本地特点的环境保护法规。例如，北京市出台了《北京市大气污染防治条例》，针对首都地区的大气污染问题提出具体的治理措施。该条例不仅规定了大气污染防治的总体目标，还明确了企业、政府及市民在污染治理中的责任。类似地，广西壮族自治区制定了《广西壮族自治区生态环境保护条例》，针对当地特有的环境问题，如喀斯特地貌的生态保护，提出相应的保护措施。这些地方性法规在中央法律的指导下，结合地方的实际情况，使地方的环境保护工作更加具有针对性和实效性。

在规划层面，地方政府根据中央的总体规划，制定本地区的绿色发展规划和生态保护计划。例如，《江苏省生态文明建设规划》以生态文明建设为核心，通过明确的指标体系和考核机制，推动全省生态文明建设的深入发展。这些地方规划的制定，不仅体现了地方政府在绿色发展中的积极主动性，也展示了地方政府在具体落实中央政策中的创新性和灵活性。

在具体管理措施上，地方政府采取了多种创新性做法。例如，浙江省最早开展"河长制"试点，各级党政领导担任河长，负责辖区内河流的环境治理工作。该制度通过明确责任制，确保水环境治理的持续性和有效性，成为全国推广的典范。福建省首次出台文件强化"生态红线"，划定不可逾越的生态保护区域，对开发活动进行严格控制。这一制度的实施，使得福建省在经济快速发展的同时，依然保持良好的生态环境质量。此外，地方政府还通过环保专项行动、排污许可证制度等手段，加强对污染源的监管，并对违法行为进行严厉处罚。这些管理措施的实施，使地方政府能够有效地应对环境问题，并确保本地区的绿色发展目标得以实现。

在财税支持方面，地方政府也发挥了重要作用。通过设立专项资金支持环境治理项目，各地政府在财政预算中优先考虑环保投入。例如，湖南省设立重点生态保护修复治理基金，用于支持污染治理、生态修复等项目。这些资金不仅用于支持政府的环境保护项目，还通过各种方式鼓励企业和社会资本参与到绿色发展中来。地方政府还通过引导绿色金融的发展，推动环保产业的发展，从而为本地区的绿色发展提供持续的资金支持。

总之，中国的绿色发展政策通过中央和地方的紧密配合，构建起一个覆盖全国的绿色发展网络。中央政府通过法律、政策、管理体制和财税政策，为地方政府提供强有力的支持和指导。地方政府根据本地实际情况，灵活运用这些支持，推动本地区的绿色发展目标。这样的制度安排，不仅确保中国在环境保护和可持续发展领域的领先地位，也为全球环境治理贡献中国智慧。

二、政府主导和市场作用相结合

在中国的绿色金融发展过程中，政府角色的战略定位和策略选择直接影响着绿色金融的发展路径和实施效果。以政府为主导的资源配置方式，确保绿色金融发展的正确方向和高效实施。

一是提供明确的发展方向。中国政府通过制定和实施绿色信贷等战略性政策，推动建立绿色金融标准体系、发展绿色金融科技平台等，为绿色金融发展把航定向，彰显了政府在推动经济绿色转型中的决心和担当。二是引导资金投入，优化资源配置。例如，中国人民银行设立绿色再贷款机制，为符合绿色标准的贷款项目提供低息资金支持；为商业银行设定绿色信贷的比例目标，要求其加大对绿色项目的资金投入，多种举措引导金融机构将更多资金投入环保、清洁能源等绿色产业，从而优化资源配置，推动经济绿色转型。此外，政府还支持建立绿色产业基金，吸引社会资本参与绿色项目投资，形成多元化的融资渠道。三是在一定程度上弥补市场失灵的缺陷，如信息不对称、外部性影响等问题，使更多资金能够流向具有长期社会效益但短期经济收益不明显的绿色项目。中国政府还通过税收优惠、财政补贴、风险补偿等手段，鼓励金融机构和企业加大对绿色项目的投资力度。相比之下，其他国家在绿色金融的发展过程中，更多依赖市场机制的自我调节作用来进行资源配置。他们通过建立健全的法律体系、环保政策和市场机制，为绿色金融的发展创造有利的外部环境，激发金融机构和企业的绿色投资热情，促进金融机构和企业根据自身需求和利益开展绿色投资活动。这种模式下，市场主体的自主性更强，这种以市场为导向的发展模式在一定程度上更具灵活性和自主性，但也需要政府提供必要的法律和政策支持，以确保市场机制有效运行。

三、强化监管与稳健发展相结合

在管理体制方面，中国政府对绿色金融政策的执行和监管力度始终保持在较高水平。首先，为了确保绿色金融政策的有效实施，中国政府设立了专门的监管机构，如原银保监会、证监会等。这些机构定期对金融机构的绿色投资进行评估和考核，确保其符合政策要求。其次，中国政府主导建立了绿色金融标准框架体系，对金融机构的绿色信贷和投资行为提出具体的要求和标准，同时要求其定期披露绿色金融活动的信息，以增加透明度和问责性。中国政府通过设立专门的环境管理机构，如生态环境部，承担起国家环境管理的核心职责。生态环境部负责制定全国性的环境政策、法律法规，并监督各项政策和法规的执行。最后，还引入了环保督察制度，这是确保环境政策和法律法规得到有效落实的重要手段。通过定期对地方政府进行环境督察，中央政府能够及时发现和纠正环境治理中的问题，从而确保绿色制度在全国范围内得到一致的执行。

这种强有力的政策执行和监管机制，为绿色金融的健康发展提供了有力保障。在此基础上，中国政府不断完善绿色金融的法律法规体系，加强对绿色金融活动的法律约束力，提高政策执行的规范性和有效性。

相比之下，其他国家在绿色金融的监管方面，可能更多依赖市场机制和社会监督。他们通过建立完善的法律体系和信息披露制度，确保金融机构和企业的绿色投资行为受到法律的约束和公众的监督。这种以市场和社会监督为主的监管模式，在一定程度上能够激发金融机构和企业的自律意识和社会责任感，但同样需要政府提供必要的法律和政策支持，以确保绿色金融的稳定发展。

第六章 新时代绿色金融高质量发展的思考

第一节 加快建设中国绿色金融体系面临的挑战

中国绿色金融发展迅速，已经成为全球绿色金融市场的领军者之一。2024年4月，中国人民银行联合国家发改委、工业和信息化部、财政部、生态环境部、金融监管总局和中国证监会印发的《关于进一步强化金融支持绿色低碳发展的指导意见》提出，未来5年，国际领先的金融支持绿色低碳发展体系基本构建；到2035年，各类经济金融绿色低碳政策协同高效推进，金融支持绿色低碳发展的标准体系和政策支持体系更加成熟，资源配置、风险管理和市场定价功能得到更好发挥。

目前，绿色金融体系高质量发展还面临着诸多问题和挑战。

一、绿色金融产品体系发展不平衡

一是产品不平衡，无法满足企业、市场的多元化需求。绿色信贷和绿色债券起步较早，发展快，但是绿色信托、绿色基金等发展较慢。农村绿色金融产品总量不足，供需矛盾尖锐。金融资源在乡村领域的配置比城市相对较少。尽管我国相继出台了若干政策用于推进农村金融和绿色金融发展，但相关政策引导性强、有效性不足，实际操作难度大。绿色金融机构在乡村地区的覆盖面有限。大型国有金融机构和股份制金融机构在农村设立的分支机构少，农村商业银行、农村信用社、农村合作银行、村镇银行等涉农金融机构的规模相对小，自身抗风险能力弱，限制了绿色金融在乡村地区的发展。二是区域不平衡。投放于东部沿海地区的绿色贷款、绿色基金等，明显高于西部、东北等其他区域。绿色贷款大部分投向清洁能源、交通升级等，领域，其他领域获取资金难度较大。三是绿色金融的区域异质性仍待增强。截至2024年，我国除了10个国家级绿色金融改革创新试验区，还存在各省份根据自身金融发展需求自行建设的绿色金融试点。从目前出台的相关政策来看，部分地区发展思路趋同，缺乏地域独特性与针对性。由于绿色金融激励主体仍是当地财政部门和金融机构，受地域因素掣肘，跨地区绿色金融合作较少，在标准互认、信息互享、市场体系互联等方面仍需改善。

二、绿色金融发展生态还有待优化

一是与绿色金融相配套的法治建设、市场建设、系统建设、信息披露等方面还有差距。例如，碳排放权等绿色权益交易的立法滞后于业务发展、资产交易市场活跃度不高、尚未建立起全国统一的绿色权益抵质押公示系统等，影响绿色产权质押贷款等绿色信贷产品创新。二是绿色信贷业务的风险管控难度大。部分金融机构开展绿色金融业务的内生动力偏弱。目前，绿色信贷项目多属于创新型项目，具有较高的不确定性，投放贷款面临较高风险。监管政策还未对金融机构在定向降准、绿色信贷担保、不良贷款容忍度等方面给予差异化的支持，在一定程度上制约了绿色信贷发展。另外，一些绿色项目平均盈利水平较低，银行盈利空间较小，绿色信贷的持续性也难以保障。绿色金融项目涉及环境保护、可持续发展等多个领域，其风险特征和评估方法与传统金融项目存在较大差异，这些都对金融机构风险管理和内部控制能力提出更高要求，以确保项目的稳健运行和资金的安全使用。然而，目前涉农金融机构对于绿色金融产品和服务的创新能力有限，在实践中往往还面临着创新与风险管控的两难选择。

三、环境信息披露水平亟须改善

机构投资者对环境气候信息披露的诉求不断增强，但我国ESG信息披露仍以自愿披露为主，且缺少相关量化的绿色考核指标。同时，绿色技术与产业生态化的认定标准主要表现为各级各类专业技术标准和环境标准等，专业性较强，金融机构往往难以做出独立的准确评判，因信息不对称，不得不依赖于项目法人、第三方评估机构或地方政府相关部门等利益关联方的评估报告，难以保证投融资项目的生态环境效益。目前，我国在大部分行业碳排放数据核算、报送和核查工作基础较差，碳排放透明度低。小微企业亦缺乏环境信息披露机制以及相应的绿色技术评价标准体系，难以实施相关评价，导致小微企业获取绿色金融资源难度更大。

四、绿色金融人才结构性短缺

现有金融人才的知识结构和技能水平，可能无法满足绿色金融发展的需求。绿色金融涉及环境保护、可持续发展等多个领域，需要金融人才具备跨学科的知识和技能。然而，目前许多乡村地区的金融机构员工主要关注传统金融业务，对绿色金融理念、政策和产品了解不足。缺乏绿色金融专业队伍，绿色金融产品和服务研发能力不足，现有人才储备和金融科技实力难以满足越来越多的绿色金融项目实施和环境风险评估需求。特别是乡村地区经济相对落后，吸引和留住高素质金融人才的能力有限，导致绿色金融领域的人才短缺。同时，掌握金融专业知识和环保法律知识的复合型专业人才较少，特别是一线金融从业人员对碳达峰碳中和、绿色金融等专业知识和绿色信贷政策掌握不够，不能有效识别绿色产业项目。

五、绿色金融工具协同效应弱

近年来，金融机构对绿色金融产品进行了初步探索，尽管新产品种类不断增加，但存在产品分散、协同效应不强等问题，增加了金融产品的利用成本，降低了其有效性。绿色信贷需要采取更加严格的贷前环境认证、贷后监督等配套，可能会增加业务及管理费用，导致利润承压。同时，绿色信贷项目承担着一定期限错配的风险，金融机构承载一定的隐性成本，可能会消耗有限的资本金。金融产品短期内收益较低，开展相关服务的动力大部分来源于政府主导和政策支持，金融机构决策风险压力大，内在动力较弱，市场主体的参与积极性、协同性有待提升，绿色金融助力乡村全面振兴的服务链还未形成。

着眼于未来，绿色金融要取得长足的发展，必须尽快建立起完善的正向激励机制，出台统一的监管规则和行业标准，优化资金期限结构，并不断对定价机制进行迭代更新。

第二节　加快建设中国绿色金融体系的建议

进一步优化绿色金融资源配置，提高绿色金融服务质量，对于加快绿色金融体系创新、支持经济社会高质量发展，具有重要意义。本书选取2011—2020年全国30个省级行政单位（不含西藏、港澳台地区）的数据，从绿色信贷、绿色证券、绿色投资、绿色保险、碳金融五个层面构建绿色金融指标体系，从创新、协调、绿色、开放、共享五个维度选取13个指标作为考察地区高质量发展水平的指标体系，通过Pearson相关分析与典型相关分析相结合的方法，探索绿色金融多个变量与高质量发展不同维度变量之间的相关性。根据分析结果，提出绿色金融精准促进高质量发展的路径选择：绿色信贷稳中求进、绿色证券扶优限劣、绿色保险扩容增效，以差异化、精准化、系统化为目标，优化配置金融资源、防范化解金融风险，更好地满足人民群众多样化的金融需求，为高质量发展保驾护航。

2024年10月12日，中国人民银行、生态环境部、金融监管总局、中国证监会四部门联合印发《关于发挥绿色金融作用　服务美丽中国建设的意见》，从加大重点领域支持力度、提升绿色金融专业服务能力、丰富绿色金融产品和服务、强化实施保障四个方面提出19项重点举措；意见明确提出"围绕美丽中国先行区建设、重点行业绿色低碳发展、深入推进污染防治攻坚、生态保护修复等重点领域，搭建美丽中国建设项目库，有效提升金融支持精准性"，进一步展现了绿色金融在我国生态环境保护领域的重要性和实际需求。

一、指标构建与研究方法

当前及今后一段时期，进一步优化绿色金融资源配置，提高绿色金融体系服务质量，加快绿色金融体系创新，对于支持经济社会高质量发展具有重要意义。现有研究更多聚焦于绿色金融发展水平与高质量发展整体水平之间的测度，而缺乏对单个指标之间的相关性研究。因此，加强从微观层面对绿色金融发展各方面同高质量发展各因素之间的相关性认知，有助于协调绿色金融工具的投入比例，利用有限资源最大限度促进发展。为探究绿色金融与经济高质量发展的关系，构建绿色金融和经济高质量发展水平两个指标系统。

（一）指标选取

1.绿色金融发展水平指标选取

现有研究在对绿色金融发展水平做出评价时，通常从绿色信贷、绿色证券、绿色投资、绿色保险、碳金融五个层面选取特定指标构建评价体系[1]。本书参考借鉴已有研究中的思路[2]，选取绿色信贷、绿色债券、绿色投资、绿色保险、碳金融五个层面作为一级指标，以高耗能产业利息支出比和绿色信贷余额两个层面作为衡量绿色信贷的二级指标。其中，高耗能产业利息支出比为负向指标，绿色信贷余额采用环保企业贷款额作为测度方式，为正向指标。对绿色债券的测度运用各省份上市公司中环保企业的股票市值与该省上市公司总市值之比作为正向二级指标，并以各省份上市公

---

[1] 潘海英、张倩：《长江经济带绿色金融对经济高质量发展的影响》，《水利经济》2022年第3期。

[2] 李毓、胡海亚、李浩：《绿色信贷对中国产业结构升级影响的实证分析——基于中国省级面板数据》，《经济问题》2020年第1期；于波、范从来：《绿色金融、技术创新与经济高质量发展》，《南京社会科学》2022年第9期；李成刚：《绿色金融对经济高质量发展的影响》，《中南财经政法大学学报》2023年第2期。

司中六大高耗能行业市值占比作为负向二级指标。对绿色投资的测度使用治理环境污染投资占国内生产总值比重和节能环保支出占财政总支出两个正向二级指标。在绿色保险方面，选取农业保险规模占比和农业保险赔付率作为正向二级指标。关于碳金融的测度，现有研究大多采用单位国内生产总值二氧化碳排放强度作为代表指标[①]，而该指标更多从国民经济整体角度衡量碳排放水平，并不能很好描述金融工具对碳排放的影响。因此，本书使用碳排放贷款强度，即人民币贷款余额与二氧化碳排放量之比，作为测度碳金融水平的二级指标。碳排放贷款强度越大，说明产生1单位碳排放所需贷款金额更高，因此同等贷款额所产生的碳排放水平更低，表明该指标是衡量碳金融水平的正向指标。

表6-1　绿色金融发展水平指标体系

一级指标	二级指标	测算方式	编码	正向/负向
绿色金融发展水平	绿色信贷	高耗能产业利息支出比	x_1	−
		环保企业贷款额	x_2	+
	绿色证券	高耗能行业市值占比	x_3	−
	绿色投资	治理环境污染投资占比	x_4	+
		节能环保支出占比	x_5	+
	绿色保险	农业保险规模占比	x_6	+
		农业保险赔付率	x_7	+
	碳金融	碳排放贷款强度	x_8	+

2.高质量发展水平指标选取

当前研究对高质量发展的评价体系主要聚焦于以下几个框架：一是

[①] Yang Yuxue，Su Xiang，Yao Shuangliang，"Nexus between green finance，fintech，and high-quality economic development: Empirical evidence from China"，*Resources Policy*，2021，74；张小溪、马宗明：《双碳目标下ESG与上市公司高质量发展——基于ESG"101"框架的实证分析》，《北京工业大学学报（社会科学版）》2022年第5期。

以创新、协调、绿色、开放、共享的新发展理念五个维度构建一级指标框架①，绿色发展的理念也可进一步从可持续性发展的角度加以解释②；二是侧重经济高质量发展的指标体系，现有研究一方面从经济运行、增长动能、生态环境和社会民生四个角度入手③，另一方面从绿色发展、创新发展、产业结构优化和高效发展这四个层面考虑④。综合多方面文献与研究成果，本书从创新、协调、绿色、开放、共享五个二级指标维度，选取13个三级指标作为考察地区高质量发展水平的指标体系。

表6-2　高质量发展指标体系

一级指标	二级指标	三级指标	测算方式	编码	正向/负向
高质量发展水平	创新	研发经费投入强度	R&D经费/国内生产总值	y_1	+
		创新成果产出	每万人专利授权量	y_2	+
		劳动生产率	国内生产总值/从业人数	y_3	+
	协调	城乡协调发展	城乡居民人均可支配收入之比	y_4	−
		产业结构合理化	泰尔指数	y_5	−
	绿色	空气污染情况	二氧化硫排放量/国内生产总值	y_6	−
		污水治理情况	城市污水处理率	y_7	+
		扩绿水平	建成区绿化覆盖率	y_8	+

---

① 于波、范从来：《绿色金融、技术创新与经济高质量发展》，《南京社会科学》2022年第9期；刘钒、马成龙：《绿色金融影响区域经济高质量发展的耦合协调研究》，《江西社会科学》2022年第6期。

② 陈子曦、青梅：《中国城市群高质量发展水平测度及其时空收敛性研究》，《数量经济技术经济研究》2022年第6期。

③ 佟孟华、褚翠翠、李洋：《中国经济高质量发展的分布动态、地区差异与收敛性研究》，《数量经济技术经济研究》2022年第6期。

④ 赵保国、崔书嘉：《绿色金融、金融科技与经济高质量发展》，《北京邮电大学学报（社会科学版）》2023年第1期。

续表

一级指标	二级指标	三级指标	测算方式	编码	正向/负向
高质量发展水平	开放	外贸依存度	进出口总额/国内生产总值	y_9	+
		外资依存度	外商投资企业总额/国内生产总值	y_{10}	+
	共享	社会保障覆盖率	职工养老保险参保人数/全社会从业人员	y_{11}	+
		医疗卫生水平	人均医疗卫生机构床位数	y_{12}	+
		交通便利程度	公路里程/土地面积	y_{13}	+

（二）数据来源

出于数据可获取性，本书选取2011—2020年全国30个省级行政单位（不含西藏、港澳台地区）的面板数据，对上述各项指标进行测算。数据主要来源于国家统计局官网、各地方统计年鉴、《中国环境统计年鉴》、国研网统计数据库。其中，与国内生产总值关联的指标均采用2011年不变价格平减处理，与外贸有关的指标均按照当年人民币对美元平均汇率进行换算。产业结构合理性，采用产业结构泰尔指数作为度量方式[①]。

（三）研究方法

现有文献对绿色金融与高质量发展之间联系的研究主要采用熵权法等方式测算出高质量发展水平指数，之后采用各类回归分析，基本得出绿色金融有效促进高质量发展的一致结论。但回归分析的局限性在于，只能研究单个或多个自变量与单个因变量之间的关系，难以处理多个自变量与多个因变量之间的关系。此外，按照既定的权重测算地区高质量发展水平，难以衡量绿色金融水平具体在哪些层面促进了高质量发展，

---

① 干春晖、郑若谷、余典范：《中国产业结构变迁对经济增长和波动的影响》，《经济研究》2011年第5期。

以及难以发现对这些层面的促进效果的强弱。因此，本书采用Pearson相关性分析与典型相关分析（CCA）相结合的方法，以探索绿色金融多个变量与高质量发展不同层面的多个变量之间的相关性。典型相关分析是研究两组变量 $X = (x_1, x_2, \cdots, x_n)$ 与 $Y = (y_1, y_2, \cdots, y_n)$ 之间的相关性的一种统计方法，其目的在于找到原变量的线性组合 $U_i = a_{i1}x_1 + a_{i2}x_2 + \cdots + a_{in}x_n$ 与 $V_i = b_{i1}y_1 + b_{i2}y_2 + \cdots + b_{in}y_n$，使得 (U_i, V_i) 的相关系数最大化，从而将多元变量之间的相关性问题，转变为两组典型变量 (U_i, V_i) 之间的相关性，进而实现整体层面的分析。

二、研究结果

通过计算组间各数据之间的Pearson相关系数并进行显著性检验，结果如表6-3所示。结果表明：

在绿色金融指标中，高耗能产业利息支出比（x_1）与高耗能行业市值占比（x_3）这两个负向指标与医疗卫生水平（y_{12}）的相关性不显著，x_1 与外资依存度（y_{10}）不显著相关，除此之外，其与负向指标 y_4、y_5、y_6 呈显著正相关，而与其余高质量发展正向指标呈显著负相关，表明 x_1 和 x_3 作为衡量绿色金融水平的负向指标的可靠性。

环保企业贷款额（x_2）、农业保险赔付率（x_7）和碳排放贷款强度（x_8）与负向指标 y_4、y_5、y_6 呈显著负相关，与其余高质量发展正向指标呈显著正相关或不显著相关，验证了其作为绿色金融正向指标的可信度。

节能环保支出占比（x_5）与大多数高质量发展指标的相关性均不显著，从而可认为这两项绿色金融指标对高质量发展的全方位影响较弱。

治理环境污染投资占比（x_4）和农业保险规模占比（x_6）与高质量发展的负指标呈正相关，而与高质量发展的正指标呈负相关，这与其作为绿色金融正向指标的设定相反。

表6-3　绿色金融与高质量发展各指标间Pearson相关性分析

		绿色信贷		绿色证券	绿色投资		绿色保险		碳金融
		高耗能产业利息支出比 x_1	环保企业贷款额 x_2	高耗能行业市值占比 x_3	治理环境污染投资占比 x_4	节能环保支出占比 x_5	农业保险规模占比 x_6	农业保险赔付率 x_7	碳排放贷款强度 x_8
创新	研发经费投入强度 y_1	-0.4776***	0.3317***	-0.2583***	-0.2223***	-0.1782**	-0.457***	-0.0384	0.0949
	创新成果产出 y_2	-0.4785***	0.7275***	-0.3784***	-0.3027***	0.0384	-0.3526***	0.1493***	0.6371***
	劳动生产率 y_3	-0.3871***	0.6663***	-0.3372***	-0.3092***	0.0647	-0.2378***	0.2376***	0.6624***
协调	城乡协调发展 y_4	0.5684***	-0.176**	0.3767***	0.2885***	0.1025	0.0187	-0.1306*	-0.3354*
	产业结构合理化 y_5	0.5275***	-0.3976***	0.4236***	0.3921***	0.1091	0.1377*	-0.207**	-0.4316***
绿色	空气污染情况 y_6	0.4414***	-0.2988***	0.4303***	0.6345***	0.1271*	0.0826	-0.2581***	-0.3994***
	污水治理情况 y_7	-0.2659***	0.207**	-0.1393*	-0.2697***	-0.0515	-0.0777	0.1417*	0.2051***
开放	扩绿水平 y_8	-0.4155***	0.4891***	-0.22***	-0.1156*	0.0016	-0.262***	0.1708**	0.3859***
	外贸依存度 y_9	-0.3824***	0.5067***	-0.4186***	-0.1874**	-0.1477*	-0.3974***	0.016	0.4351***
	外资依存度 y_{10}	-0.0256	0.0495	-0.1136*	-0.1306*	-0.0179	0.0254	0.0431	0.1628**
共享	社会保障覆盖率 y_{11}	-0.4066***	0.5674***	-0.3193***	-0.2262***	0.067	-0.0914	0.216*	0.6678***
	医疗卫生水平 y_{12}	0.0271	0.1469*	0.0283	-0.2064***	0.1492**	0.4333***	0.3528***	0.2548***
	交通便利程度 y_{13}	-0.5111***	0.3787***	-0.4967***	-0.3798***	-0.1458*	-0.5887***	-0.009	0.3168***

注：****表示显著性水平为0.001，***表示显著性水平0.1，**表示显著性水平为0.5。

典型相关分析需要变量服从多元正态分布，且满足组内存在一定的相关性，但不具有多重共线性的假设[①]。通过峰度、偏度及Shapiro-Wilk检验，结果显示两组变量x_1，x_2，…，x_8和y_1，y_2，…，y_{13}均在0.05的显著性水平下满足正态性。通过Bartlett球形检验，结果显示两组变量x_1，x_2，…，x_8和y_1，y_2，…，y_{13}均拒绝零假设，即组内存在相关性。由于各项指标具有不同的量纲，因此对所有数据进行标准化处理后，进行典型相关分析。通过观察典型分析的数据结果，可以发现：

绿色金融和高质量发展两者之间具有较高的正向相关性，且指标整体之间的复合影响要大于单个指标之间的相互影响。影响显著程度依次为：绿色信贷及碳金融、绿色证券与投资、绿色保险。在绿色金融工具指标中，绿色投资中的节能环保支出与高质量发展的关联度不大；在反映高质量发展的指标中，社会保障覆盖率、医疗卫生水平等与绿色金融正相关，但不显著；外资依存度与绿色金融无明显关联。

绿色信贷及碳金融与高质量发展高度正相关。表明信贷资金是支持高质量发展的主要力量，同时，技术创新、节能降碳、产业结构升级转型等也为绿色信贷创造了需求和空间。研发经费投入强度及创新成果的产出对降低高耗能企业的信贷资金投入及增强环保企业信贷资金投入程度尤为明显。

绿色证券和绿色投资与高质量发展显著相关。高耗能行业市值越高，污染问题越严重，越制约高质量发展。创新成果的产出促使高能耗产业加大转型力度，进而降低高能耗业务比例。但绿色投资指标中的治理环境污染投资，更多情况下与高质量发展呈负相关。这反映出治理污染投资多的地区，高质量发展相对缓慢；而高质量发展较快的地区，治理污染投入越

[①] 傅德印、黄健：《典型相关分析中的统计检验问题》，《统计研究》2008年第7期。

少。地区绿色水平、环保发展程度并不是绿色金融融资加大的重要因素，污染程度较高的地区并不会因此对绿色金融投入更多，绿色金融的投入也并未改善地区对环境的治理水平。环境治理落后的地区，更应该善用绿色金融工具。

绿色保险与创新、共享发展的相关显著，对于协调、绿色、开放的关联度不大。值得关注的是，绿色保险与医疗水平呈明显正相关。一方面，说明绿色保险投入并没有对地区的创新、协调发展等形成积极的影响；另一方面，绿色保险规模扩大、农业保险赔付率提高，增强了当地抗风险能力，绿色保险通过参与基本医疗保障管理，有效提升医疗保障水平。

高质量发展的外资依存度与绿色金融的关联不大。说明在新的世界经济格局下，我国高质量发展以国内大循环为主体，国内国际双循环相互促进，抵御外界风险的能力不断增强。在"双循环"新发展格局中，更应善用绿色融资引入高质量的外商投资，改善中国"世界工厂"的非绿发展局面，转变为高效率高质量高绿发展。对外融资机构如进出口行等，更应发挥"头雁"作用，提升对外绿色信贷标准、扎实对外绿色服务体系，加强与世界沟通，优化绿色金融实践，在共建"一带一路"等方面多下功夫。

绿色金融的节能环保投资与高质量发展各指标均没有明显关联。说明节能环保投资不是影响创新成果产出、提高劳动生产率、产业结构合理化、提升绿色水平、促进共享发展等的主要因素，而高质量发展的各方面也没有直接影响节能环保支出的多少。

三、结论和建议

加快实现高水平科技自立自强，是推动高质量发展的必由之路。绿色金融体系创新要与科教兴国战略、人才强国战略、创新驱动发展战略有机结合，着力提升科技自立自强能力；加快构建新发展格局是推动高质量发展的战略基点，绿色金融精准服务要与实施扩大内需战略、深化供给侧结构性改革有机结合，把着力点放在支持实体经济上，夯实我国经济发展的根基。推进农业现代化是实现高质量发展的必然要求，绿色金融精准服务要与保障粮食和重要农产品稳定安全供给有机结合，支持以产业振兴带动乡村振兴，提高农业质量效益和竞争力，加快建设宜居宜业和美乡村。人民幸福安康是推动高质量发展的最终目的，绿色金融精准服务要与共享发展成果有机结合，在社会保障、医疗卫生、交通便利等方面创新服务。实证研究表明，绿色金融与高质量发展具有高度的相关性，并且不同的绿色金融工具与高质量发展各方面的相关程度有显著差异，因此，要在多层次绿色金融体系基本形成的基础上，着力发展多样化的金融工具，提升绿色金融产品与创新、协调、绿色、开放、共享等方面的适配度，精准发力，促进高质量发展，助力美丽中国建设。

（一）高效衔接，完善绿色金融服务传导机制

加强绿色金融工具与高质量发展需求的高效衔接，重点解决绿色金融市场信息不对称、项目需求与绿色金融资源不匹配的问题，扩大绿色金融服务的范围和精准性。

建立政府、企业、金融机构、金融中介等多方参与的协同机制，开展项目遴选、认定和推荐工作，形成从需求端到供给端的衔接机制。不断完善市场机制，倡导以企业为融资主体，通过证券、基金等市场化方式开展绿色融资。加强对财政支出用于环保等方面有效性的评估，探索新的更加高效的投资方式。形成多元化、具有绿色发展理念的社会责任投资群体。鼓励社会资本、境外资本参与绿色金融体系建设，畅通资本引入、退出渠道。发挥绿色发展基金引导作用，探索绿色基金与信贷资金投贷联动支持绿色产业的方式路径。鼓励地方政府通过多种方式降低绿色债券融资成

本。促进征信、信用评级等金融数据与税务、用能、环境违法违规记录等政务数据信息共享、精准对接，缓解信息不对称难题，发挥数据信息对绿色金融发展的支撑作用。

（二）稳中求进，继续发挥绿色信贷的主力军作用

进一步促进绿色信贷支持实体经济发展，聚焦绿色环保、节能减排、科技创新、高端制造等行业，在煤炭清洁高效利用、钢铁行业节能减排、电力储能、消纳技术开发应用等方面还有很大投放空间。制定或修订氢能、风力发电、抽水蓄能、林业等近10个绿色相关行业授信政策，从客户与项目准入标准、相关风险识别与防范、信贷管理策略等方面为绿色金融业务开展提供细化指导。创新环境权益抵质押融资，积极支持绿色产业和对生态环境友好、履行社会责任、公司治理完善的企业；创新绿色信贷业务模式，如EOD项目，支持经营活动对环境友好、保护生物多样性等的企业；支持绿色普惠企业，推动实现经济效益、环境效益和社会效益的有机统一。在农林牧渔、采矿与冶金、油气化工、建筑房地产、交通物流等行业的授信政策中，加入环境与社会风险管理的约束性要求，ESG风险管理相关政策覆盖投行、保险、基金、租赁、理财和投资等业务范围。国家给予绿色信贷支持政策，利率和期限更贴近业务实际，加大优惠力度。

（三）扶优限劣，充分体现资本市场的绿色价值

以股票发行注册制实施为标志，我国资本市场进入新发展阶段。资本市场功能更加健全，直接融资渠道更加顺畅。

进一步提升资本市场对绿色科技创新的服务功能，实现科技、资本和实体经济的高水平循环。契合科技创新企业的特点和融资需求，支持"卡脖子"技术、关键核心技术、清洁能源开发等企业登陆科创板，在集成电路、生物医药、高端装备制造等行业加速产业集聚，促成以绿色发展为中

心的产业聚集，合力发展。加强信息披露监管，鼓励上市公司自愿开展碳排放信息披露，一方面，有利于增强上市公司社会责任感，体现公司绿色投资价值；另一方面，通过资本市场的传导机制，引导广大投资者及全社会共同关注上市公司贯彻新发展理念。推进交易、退市等关键制度创新。允许"两高一剩"行业遵循绿色发展实际转型或合理退出，让市场发挥在高质量绿色发展中扶优限劣的作用。对于处于初创期、规模较小的创新企业、产品，建议选择绿色基金、创业板上市的途径融资；对于规模较大、转型期、资金需求量大、投入时间长的融资主体，建议开发性金融多予支持。

（四）扩容增效，以绿色保险创新促协调保民生

保险作为一种缓冲各种外生干扰对经济运行冲击的机制，通过发挥风险管理、经济补偿、资金融通和社会管理等功能，实现发展成果全民共享，在高质量发展中促进共同富裕。

充分发挥保险资金长期优势，有效引导资金投向清洁能源、清洁交通、绿色建筑、污染治理、节能减排等绿色领域，为绿色发展提供强劲的金融保障动力。加强"三农"保险产品开发和服务创新，如农业巨灾险等，保障农业生产稳定，支持农业产业化发展。积极发挥商业保险在补充养老方面的作用，提供多样化的商业养老保险产品，推动建立多层次社会保障安全网络，扩大社会保障覆盖面。发挥保险替代储蓄的功能，将消费能力从储蓄中释放出来，鼓励倡导绿色消费，提高家庭消费水平。丰富健康保险产品，降低商业医疗保险投保费用。扩大普惠保险保障范围和投保范围，引导全民低成本参保，提高社会补充保险覆盖率，进一步提升医疗保险保障水平。推广绿色保险产品创新，如开发绿色能源保险、绿色建筑保险、绿色航空保险等，鼓励社会各方采用可持续的生活方式，促进经济

社会的可持续发展。加强绿色保险的风险研究和数据积累，建立绿色保险的风险评估和预警机制，提高绿色保险的风险管理能力。

（五）精准直达，加快试验区经验总结与复制推广

在推动落实"双碳"目标和绿色转型的大背景下，将顶层设计和试点创新相结合。一方面，可以通过试验区先行先试，探索经验，总结推广，推动顶层设计；另一方面，试点地区出台的政策内容更加具体、更有针对性。突出试验区的异质性，充分利用各地区区域资源分布和产业分工差异的特点，因势利导，发展各有特色的绿色金融体系。

切实发挥试验区先行先试示范作用。成立专家委员会，定期对试验区先行制度创新和政策体系进行总结和评估，对具有共性的成熟、有益经验加快复制推广。对于具有差异性的成功做法，要因地制宜，鼓励制定和选择与本地区相适应的绿色金融发展路径，推动区域产业结构绿色转型。适时开展绿色金融改革创新试验区升级扩容。差异性意味着区域间有可能通过合作产生协同性。扩大试验区范围，有利于借鉴前期成功经验做法，推动地方绿色金融发展；也有利于调动地方积极性，结合不同经济发展水平、产业结构、资源禀赋等，加强跨地区合作。推动绿色金融标准在绿色金融改革创新试验区先行先试。支持有条件的地方开展气候投融资试点，探索建立气候友好型投融资体制机制。支持建立高标准绿色项目库并实现互联互通。

（六）科技赋能，完善绿色金融基础信息建设

绿色项目的识别和风险管控，是绿色金融高质量发展的前提和基础。当前，要利用金融科技手段，赋能绿色金融发展。重点解决绿色项目识别问题、绿色金融市场的信息不对称问题，扩大绿色金融服务的范围和精准性。

进一步推动绿色项目库建立、绿色公司认证。根据经济形势变化，对标国际标准，进一步优化绿色项目库标准，对项目库项目实行分层分类管理。动态调整清单目录，开展项目遴选、认定和推荐工作。支持建立高标准绿色项目库并实现互联互通。建立综合信息服务平台，将分散在不同领域的信息整合，促进征信、信用评级等金融数据与税务、用能、环境违法违规记录等政务数据信息共享、精准对接，缓解信息不对称难题，发挥数据信息对绿色金融发展的支撑作用。中国人民银行等金融监管部门要及时调整和完善金融机构绿色金融业绩评价体系，激励金融机构拓展绿色金融业务，从而调动企业参与绿色项目的积极性。加强绿色金融标准创新，进一步参与绿色金融国际交流合作，提升国际社会对中国绿色金融政策、标准、产品和市场的认可与参与度。设立专家论证评估制度，对于一些尚未纳入绿色产品名录的节能环保降碳的新技术、新产品，可以通过专家论证评估，确定绿色金融支持的方式和力度。

（七）加强宣传，扩大绿色金融服务普适性

开展绿色金融知识普及活动，提高居民对绿色金融的认知和理解，引导其积极参与绿色金融活动。加强金融机构与居民的沟通互动，提供个性化的金融咨询服务，帮助乡村居民更好地利用金融资源促进自身发展。聚合优势资源，积极探索"党建共建"新路径，选派金融干部到农村挂职，担任"金融村官"，定向破题，助力乡村振兴。加强绿色金融政策解读培训、产品专题培训等，提升从业人员绿色金融业务能力。金融机构和有关部门要及时总结提炼绿色金融支持乡村振兴的典型模式、创新产品、经验做法，通过新闻报道、劳动竞赛、优秀案例评选等专题活动加强宣传交流推广。将绿色消费纳入绿色金融支持范围，影响消费者偏好转变，形成崇尚绿色生活的社会氛围，以市场供求机制带动绿色产业发展。

参考文献

[1]Coase, R. H. The Problem of Social Cost. Journal of Law and Economics, 1960(03):1-44.

[2]Aman A., Isa Y. M., Naim M. A. The Role of Macroeconomic and Financial Factors in Bond Market Development in Selected Countries[J]. Global Business Review, 2020, 24(4):097215092090720.

[3]Lyu Y., Bai Y., Zhang J. Green finance policy and enterprise green development: Evidence from China[J]. Corporate Social Responsibility and Environmental Management, 2023, 31(1):414-432.

[4]Mariana M. Mission-oriented innovation policies: challenges and opportunities[J]. Industrial and Corporate Change, 2018, 27(5):803-815.

[5]Sullivan. Pricing Climate Risk: A New Paradigm in Green Finance[J]. Finance and Climate Risk, 2020，89(3):457-472.

[6]Lins, K. V., et al. Social Responsibility and the Market Value of Firms: Evidence from Green Investment[J]. Journal of Business Ethics, 2017, 144(3):607-622.

[7]Roe, B. Information Asymmetry in Green Financial Markets[J]. Journal of Sustainable Finance & Investment, 2021, 11(1):12-29.

[8]Nguyen, H. G. Behavioral Patterns of Young Investors in Sustainable Finance[J]. Journal of Behavioral Finance, 2022, 23(1):1-16.

[9]于永达，郭沛源. 绿色金融对可持续发展的促进作用[J].金融研究，2003.

[10]王卉彤，陈保启. 环境金融是在环境变迁的严峻形势下，金融业发展的重要创新手段[J]. 金融理论与实践，2006.

[11]邓常春. 环境金融：低碳经济时代的金融创新[J]. 中国人口·资源与环境，2008.

[12]彭水军，包群. 环境污染、内生增长与经济可持续发展[J]. 数量经济技术经济研究，2006（09）：114-126+140.

[13]文书洋，刘锡良. 金融错配、环境污染与可持续增长[J]. 经济与管理研究，2019，40（03）：3-20.DOI:10.13502/j.cnki.issn1000-7636.2019.03.001.

[14]Barbier, E. B. Greening the global economy[J]. Science, 2010, 329(5993):927-929.

[15]Stern, N. The Economics of Climate Change: The Stern Review[J]. Cambridge University Press, 2007.

[16]Zhang H., Hu R. & Li Z. Financial support for environmentally friendly firms in China: does green finance work[J]. Journal of Cleaner Production, 2020, 279:123218.

[17]Fuss S., Lutz C., Tietjen & Szolgayova J. Extending the EU carbon pricing system to transportation and buildings: A CGE analysis of the economic and environmental impacts[J]. Energy Policy, 2019, 129:240-254.

[18]Capoor K. & Ambrosi P. State and trends of the carbon market 2008[J]. World Bank Publications, 2008.

[19]Alexandru N.Liviu. Green Banking—A Requirement for Sustainable Development[J]. Ovidius University Annals, Economic Sciences Series, 2018, 18(1):224-229.

[20]Gao Y., Liang L. & Xue L. Fintech and Green Credit Policy Choices under the Bidding Mechanism[J]. Mathematical Problems in Engineering, 2019.

[21]陈宇明. 绿色金融政策、资本约束与银行绿色信贷市场份额[J]. 金融发展研究，2020（2）: 57-68.

[22]曾莹莹. 绿色信贷、环境舆情因素与企业环保投入研究[J]. 管理评论，2019，31（7），224-237.

[23]钟明华. 中国绿色信贷市场发展现状分析与政策建议[J]. 中国财会信息，2017（23）: 162-163.

[24]Flammer C. Green Bonds: A Study of the Impact on Investment and Firm Performance[J]. Journal of Sustainable Finance & Investment, 2021, 11(3):197-211.

[25]Zhang L., Wang H. & Wang Y. Green Bonds: A New Financing Instrument for Sustainable Development[J]. Sustainability, 2020, 12(15):6060.

[26]Perkins S. The Utility of Green Bonds for Financing Climate Mitigation[J]. Environmental Economics and Policy Studies, 2020, 22(4):565-583.

[27]Baker M. & Wurgler J. Investor Behavior and the Growth of Green Bonds[J]. Review of Financial Studies, 2022, 35(6):3195-3223.

[28]Zhou Y., Wang Z. & Liu J. Pricing Green Bonds: An Empirical Study[J]. Financial Management, 2023, 52(2):763-791.

[29]Franssen D. Policy Frameworks for Green Bonds: A Comparative Analysis[J]. Climate Policy, 2021, 21(5):580-594.

[30]Cook T., Rainwater M. & Wilson R. ESG Considerations in Green Bond Investments: Key Trends and Insights[J].Journal of Corporate Finance, 2022:70, 102862.

[31]Chin-Hsien Yu, Dayong Zhang, Xiuqin Wu. Demand for green finance: Resolving financing constraints on green innovation in China[J].Energy Policy, 2021.

[32]王波，董振南. 我国绿色金融制度的完善路径——以绿色债券、绿色信贷与绿色基金为例[J]. 金融与经济，2020，（04）: 84-90. DOI: 10.19622/j.cnki.cn36-1005/f.2020.04.011.

[33]杜俊青. 绿色基金持股对企业绿色转型的影响研究[D]. 上海财经大学，2023. DOI: 10.27296/d.cnki.gshcu.2023.000109.

[34]杨小苹. 环保法律法规不够明晰、可操作性差以及地方保护主义对绿色金融发展的阻碍作用[J]. 南方金融，2008.

[35]冯馨，马树才. 中国绿色金融的发展现状、问题及政策建议[J]. 金融评论，2008.

[36]Mark Carney. The world of finance will be judged on the $100tn climate challenge[J]. Opinion Climate change, 2021.

[37]姜再勇，魏长江. 政府在绿色金融发展中的作用、方式与策略[J]. 金融论坛，2017.

[38]任辉. 构建绿色金融体系[J]. 财政金融，2009.

附　录

附录1　绿色金融支持政策

绿色金融工具相关政策——绿色信贷

发文时间	政策名称	政策简介
1995.02	《关于贯彻信贷政策与加强环境保护工作有关问题的通知》	要求各级金融机构在信贷中把支持国家经济发展同资源保护、改善生态相结合
2004.04	《关于进一步加强产业政策和信贷政策协调配合控制信贷风险有关问题的通知》	为银行在开展信贷业务中防控环境风险提供了具体指导
2006.12	《关于共享企业环保信息有关问题的通知》	要求先从企业环境违法信息起步，逐步将企业的环保信息纳入央行的企业征信系统，要求银行审查企业的环保信息作为银行发放贷款的依据

续表

发文时间	政策名称	政策简介
2007.07	《关于落实环境保护政策法规防范信贷风险的意见》	强调金融监管部门、金融机构要与各级环保部门通力合作，建立畅通有效的信息沟通机制和联席会议制度，同时还设定了追责性规定
2007.11	《节能减排授信工作指导意见》	要求各银行业金融机构要认识做好节能环保领域金融服务工作的重要性，合理控制信贷总量，着力优化信贷结构
2012.01	《绿色信贷指引》	要求银行业充分发挥杠杆作用促进节能减排和环境保护
2013.02	《关于绿色信贷工作的意见》	要求各银监局和银行业金融机构融入绿色信贷理念
2014.06	《绿色信贷实施情况关键评价指标》	要求各银行对照绿色信贷实施情况关键评价指标，组织开展本机构绿色信贷实施情况自评价
2015.09	《生态文明体制改革总体方案》	建立绿色金融体系
2016.08	《关于构建绿色金融体系的指导意见》	大力发展绿色信贷；推动证券市场支持绿色投资；设立绿色发展基金，通过政府和社会资本合作（PPP）模式动员社会资本；发展绿色保险；完善环境权益交易市场、丰富融资工具；支持地方发展绿色金融；推动开展绿色金融国际合作；防范金融风险，强化组织落实
2017.12	《中国银行业绿色银行评价实施方案（试行）》	根据《绿色信贷实施情况关键指标填报表》及其附件进行绿色银行评价
2018.07	《关于开展银行业存款类金融机构绿色信贷业绩评价的通知》	中国人民银行及其分支机构依据信贷政策规定对银行业存款类金融机构绿色信贷业绩进行综合评价，每季度开展一次，绿色信贷业绩评价指标设置定量和定性两类，其中，定量指标权重80%，定性指标权重20%

发文时间	政策名称	政策简介
2019.12	《关于推动银行业和保险业高质量发展的指导意见》	明确提出大力发展绿色金融，要求银行机构建立健全环境与社会风险管理体系，将环境、社会、治理（ESG）要求纳入授信全流程，强化环境、社会、治理信息披露和与利益相关者的交流互动
2019.02	《绿色产业指导目录（2019年版）》	绿色产业涵盖节能环保、清洁生产、清洁能源、生态环境、基础设施绿色升级和绿色服务六大类，并细化出30个二级分类和211个三级分类，其中每一个三级分类均有详细的解释说明和界定条件
2021.05	《银行业金融机构绿色金融评价方案》	将银行金融机构开展绿色金融活动纳入业绩评价指标体系
2022.01	《关于完善能源绿色低碳转型体制机制和政策措施的意见》	提出"完善清洁低碳能源行业企业贷款审批流程和评级方法，充分考虑相关产业链长期成长性及对碳达峰、碳中和的贡献"

绿色金融工具相关政策——绿色债券

发文时间	政策名称	政策简介
2015.12	《绿色债券发行指引》	规定了绿色债券适用范围和支持重点、审核要求及相关政策
2015.12	《绿色债券支持项目目录（2015年版）》	共包含节能、污染防治、资源节约与循环利用、清洁交通、清洁能源、生态保护和适应气候变化六大类和31小类环境效益显著项目及其解释说明和界定条件
2017.03	《非金融企业绿色债务融资工具业务指引》	明确了绿色债务融资工具的产品定义，从发行端、投资端、第三方认证方等各方面提出了规范性要求

发文时间	政策名称	政策简介
2017.03	《关于支持绿色债券发展的指导意见》	对绿色债券的投向再次强调，鼓励证券公司、基金管理公司、私募基金管理机构、商业银行、保险公司等市场主体及其管理的产品投资绿色公司债券
2018.03	《关于加强绿色金融债券存续期监督管理有关事宜的通知》	对绿色债券存续期募集资金使用、信息披露、债券违规问题、组织协调工作再次进行强调
2021.04	《绿色债券支持项目目录（2021年版）》	参考《绿色产业指导目录（2019年版）》，在保留《绿色债券支持项目目录（2015年版）》绝大部分支持项目和领域的同时，增加了有关绿色农业、绿色建筑、可持续建筑、水资源节约和非常规水资源利用等新时期国家重点发展的绿色产业领域类别，删除煤炭等化石能源清洁利用等高碳排放项目
2022.07	《中国绿色债券原则》	结合国际惯例和国内实际，明确了绿色债券的四项核心要素，提出对绿色债券发行人和相关机构的基本要求
2023.11	《绿色债券存续期信息披露指南》	首次统一了国内绿色债券存续期信息披露标准，进一步完善了我国绿色债券标准体系
2023.12	《关于支持中央企业发行绿色债券的通知》	支持央企发行绿色债券融资，带动民营经济绿色低碳发展
2024.06	《关于扎实做好科技金融大文章的工作方案》	建立科技型企业债券发行绿色通道，从融资对接、增信、评级等方面促进科技型企业发债融资

绿色金融工具相关政策——绿色保险

发文时间	政策名称	政策简介
2007.12	《关于环境污染责任保险工作的指导意见》	正式确立了建立环境污染责任保险制度的基本框架

发文时间	政策名称	政策简介
2013.01	《关于开展环境污染强制责任保险试点工作的指导意见》	国家开展环境污染强制责任保险试点工作
2015.04	《加快推进生态文明建设的意见》	深化环境污染责任保险试点
2015.09	《生态文明体制改革总体方案》	在环境高风险领域建立环境污染强制责任保险制度
2017.12	《生态环境损害赔偿制度改革方案》	要求在全国范围内试行生态环境损害赔偿制度
2022.05	《关于印发保险业标准化"十四五"规划的通知》	加快完善绿色保险相关标准建设，助力保险业服务碳达峰碳中和目标，支持保险业探索开发环境气候领域等创新性绿色保险产品，加快研究服务新能源发展、绿色低碳技术研发应用、生物多样性保护等业务领域的绿色保险产品和服务标准，有效衔接各类环境权益市场相关标准。探索绿色保险统计、保险资金绿色运用、绿色保险业务评价等标准建设，更好推动完善我国绿色金融标准体系
2022.06	《银行业保险业绿色金融指引》	将银行业保险业发展绿色金融上升至国家战略层面，同时提出将ESG纳入管理流程和全面风险管理体系
2022.11	《绿色保险业务统计制度》	提出分步骤有序推进绿色保险业务统计工作的指导性要求
2023.09	《绿色保险分类指引（2023年版）》	建立了全面覆盖绿色保险产品、保险资金绿色投资、保险公司绿色运营的行业自律规范
2024.04	《推动绿色保险高质量发展的指导意见》	分别从总体要求、加强重点领域绿色保险保障、加强保险资金绿色投资支持、加强绿色保险经营管理能力支持以及工作保障五个方面提出明确要求

中国地方绿色金融改革创新试验区相关政策

绿色金融改革 创新实验区		政策文件
浙江省	衢州市	《中共衢州市委衢州市人民政府关于推进绿色金融改革创新试验区建设的实施意见》 《衢州市绿色金融改革创新试验区建设若干政策意见（试行）实施细则》 《衢州市"十三五"时期绿色金融专项发展规划》 《衢州市绿色金融改革创新试验区建设若干政策意见（试行）实施细则》 《推进绿色金融产品与服务创新的意见》 《金融支持传统产业绿色转型发展的指导意见》 《绿色企业评价规范》 《绿色项目评价规范》 《关于金融支持乡村振兴战略加快大花园建设的指导意见》 《衢州市人民政府办公室关于深化基于碳账户的转型金融工作实施意见（2022—2026年）》 《银行业生物多样性风险管理指南（2023年版）》
	湖州市	《浙江省湖州市、衢州市建设绿色金融改革创新试验区总体方案》 《湖州市重大项目专项贷款和财政绿色专项贴息资金实施办法》 《湖州市绿色产业基金实施办法（试行）》 《湖州市银行业金融机构环境信息披露框架（2020年版）》 《湖州市关于推动绿色建筑和绿色金融协同联动发展试点城市的总体方案》 《绿色融资项目评价规范》 《绿色融资企业评价规范》 《绿色银行评价规范》 《绿色金融专营机构建设规范》 《湖州市环境污染责任保险风险评估技术规范》 《湖州市绿色金融促进条例》 《湖州市国家绿色金融改革创新试验区建设2021年推进计划》

绿色金融改革创新实验区		政策文件
浙江省	湖州市	《湖州市绿色金融发展"十四五"规划》
		《金融支持生物多样性保护的实施意见》
		《湖州市人民政府办公室关于深化绿色金融改革的若干政策意见》
广东省	广州市	《广东省广州市建设绿色金融改革创新试验区总体方案》
		《广东省广州市建设绿色金融改革创新试验区实施细则》
		《关于促进广州绿色金融改革创新发展的实施意见》
		《广州市黄埔区、广州开发区促进绿色金融发展政策措施》
		《广州市绿色金融改革创新试验区绿色企业与项目库管理实施细则》
		《广州市政策性蔬菜种植气象指数保险实施方案（试行）》
		《广东省广州市绿色金融改革创新试验区碳排放权抵质押融资实施方案》
		《广东省广州市绿色金融改革创新试验区构建基于林业碳汇的生态补偿机制实施方案》
		《广州市黄埔区、广州开发区绿色项目、绿色企业认定管理办法（试行）》
		《广州市人民政府办公厅关于促进广州绿色金融改革创新发展的实施意见》
		《广州市金融发展"十四五"规划》
		《广州市碳达峰实施方案》
		《2023年广州金融支持实体经济高质量发展行动方案》
		《广州市发展绿色金融支持碳达峰行动实施方案》
		《广州市绿色金融产品指南（2024）》
贵州省	贵安新区	《贵安新区绿色金融改革创新试验区建设实施方案》
		《贵安新区建设绿色金融创新发展的总体规划》
		《贵州省贵安新区建设绿色金融改革创新试验区总体方案》
		《贵安新区建设绿色金融改革创新试验区任务清单》
		《贵安新区支持绿色金融发展政策措施（试行）》
		《关于支持贵安新区引进和培育绿色金融专业人才的实施意见》

绿色金融改革创新实验区		政策文件
贵州省	贵安新区	《贵安新区绿色保险创新工作实施方案》 《贵安新区绿色信贷评价实施办法（试行）》 《贵安新区绿色金融风险监测和评估办法》 《贵安新区绿色金融风险预警工作方案》 《关于支持绿色信贷产品和抵质押品创新的指导意见》 《贵州省绿色金融项目标准及评估办法（试行）》 《贵州省绿色金融重点支持产业指导性标准（试行）》 《贵州省人民政府关于加快建立健全绿色低碳循环发展经济体系的实施意见》 《贵州省2022年度绿色金融创新发展工作方案》 《贵阳贵安关于财政金融支持绿色金融改革创新发展的政策》 《贵安新区高质量发展三年攻坚实施方案（2023—2025年）》
江西省	赣江新区	《江西省"十三五"建设绿色金融体系规划》 《江西省人民政府关于加快绿色金融发展的实施意见》 《赣江新区建设绿色金融改革创新试验区实施细则》 《关于金融支持江西绿色低碳转型发展的若干措施》 《关于加强运用货币政策工具支持赣江新区建设绿色金融改革试验区的通知》 《江西省绿色票据认定和管理指引（试行）》 《赣江新区绿色企业认定评价办法》 《赣江新区绿色项目认定评价标准办法》 《赣江新区企业环境信息披露指引》 《畜禽智能洁养贷实施规范》 《江西省绿色金融发展规划（2022—2025年）》 《赣州市绿色普惠金融识别目录（试行）》

绿色金融改革创新实验区		政策文件
新疆维吾尔自治区	克拉玛依市	《关于自治区构建绿色金融体系的实施意见》 《新疆维吾尔自治区哈密市、昌吉州和克拉玛依市建设绿色金融改革创新试验区总体方案》 《新疆维吾尔自治区哈密市、昌吉州和克拉玛依市建设绿色金融改革创新试验区实施细则（暂行）》 《关于促进克拉玛依市绿色金融和转型金融发展工作的指导意见》 《货币政策工具支持绿色金融改革创新试验区绿色经济发展实施细则（暂行）》 《新疆维吾尔自治区绿色金融同业自律机制工作指引（暂行）》 《新疆维吾尔自治区绿色金融同业自律机制公约（暂行）》 《克拉玛依市绿色金融改革创新试验区绿色金融标准实施方案》 《克拉玛依市绿色金融改革创新试验区专项资金管理办法》 《关于加强绿色金融对节能降碳项目建设支持力度的通知》 《金融外汇支持绿色金融发展的指导意见》
	昌吉州	《昌吉州建设绿色金融改革创新试验区实施方案》 《昌吉州绿色企业认定办法（试行）》 《昌吉州绿色项目认定办法（试行）》 《昌吉州绿色金融发展专项资金使用管理办法（试行）》 《新疆昌吉转型金融服务标准》 《金融支持昌吉州降碳转型升级项目认定办法》 《金融支持昌吉州降碳转型升级企业认定办法》 《昌吉降碳转型升级项目目录》
	哈密市	《哈密市建设绿色金融改革创新试验区五年（2017—2021年）实施方案》 《哈密市绿色支行管理暂行办法》 《优化外汇服务支持绿色金融发展的通知》
甘肃省	兰州新区	《兰州新区建设绿色金融改革创新试验区总体方案》 《兰州新区建设绿色金融改革创新试验区实施方案》 《兰州新区绿色金融五年发展规划（2020—2024年）》 《兰州新区绿色金融发展奖励政策（试行）》

续表

绿色金融改革 创新实验区		政策文件
甘肃省	兰州 新区	《兰州新区绿色金融综合服务平台小微企业贷款风险补助政策（试行）》 《兰州新区绿色项目认证及评级办法（试行）》 《兰州新区绿色企业认证及评级办法（试行）》 《兰州新区绿色金融行业自律机制工作指引》 《兰州新区绿色金融行业自律机制公约》 《兰州新区环境权益交易市场建设实施方案》 《兰州新区排污权抵押贷款实施细则》 《兰州新区绿色项目认证及评级办法（修订）》 《兰州新区绿色企业认证及评级办法（修订）》 《兰州新区扶持金融业发展的若干措施》 《兰州新区金融支持生物多样性保护的指导意见》
重庆	重庆	《重庆市建设绿色金融改革创新试验区总体方案》 《重庆市建设绿色金融改革创新试验区实施细则》

附录2　绿色金融相关文件和规划

中国人民银行　国家金融监督管理总局　证监会 财政部　农业农村部关于金融支持全面推进乡村 振兴　加快建设农业强国的指导意见[①]

银发〔2023〕97号

为深入贯彻党的二十大、中央经济工作会议、中央农村工作会议精神，完整、准确、全面贯彻新发展理念，围绕建设供给保障强、科技装备强、经营体系强、产业韧性强、竞争能力强且具有中国特色的农业强国，强化目标导向、问题导向和结果导向，锚定目标，鼓足干劲，建立完善多层次、广覆盖、可持续的现代农村金融服务体系，增强金融服务能力，助力全面推进乡村振兴、加快建设农业强国，现提出如下意见。

一、做好粮食和重要农产品稳产保供金融服务

（一）加大粮食和重要农产品生产金融支持力度。

围绕新一轮千亿斤粮食产能提升行动、玉米单产提升工程和吨粮田创

[①]　来源：中国政府网。

建，强化粮食生产主体扩大产能、设备改造、技术升级等融资需求对接，促进粮食稳产增产。聚焦大豆和油料生产、生猪和"菜篮子"工程、油茶扩种和低产低效林改造，持续加大信贷投放力度。以化肥、农药等农资生产购销为切入点，满足农资企业经营发展和农业生产主体农资采购周转资金需求。推广粮食和重要农产品生产托管综合金融保险服务模式，推动提升农产品生产专业化社会化服务水平。金融机构要积极参与粮食市场化收购业务，农业发展银行要及时足额发放储备及轮换贷款。

（二）强化高标准农田和水利基础设施建设融资服务。

按照逐步把永久基本农田全部建成高标准农田要求，聚焦土壤改良、农田排灌设施等重点领域，在承贷主体、还款方式、贷款期限上给予差异化政策倾斜，探索推广全域综合整治等模式，助力高标准农田新建和改造提升。积极梳理大中型灌区建设和现代化改造、中小型水库及引调水工程建设等重大项目融资需求清单，一对一完善项目融资方案，加大中长期贷款投放。鼓励各地将符合条件的项目整省整市打捆打包，统筹构建多元化贷款偿还渠道，实现项目收益自平衡与经营可持续。

（三）持续加强种业振兴金融支持。

完善重点种业企业融资监测机制，精准满足国家种业基地和重点企业融资需求。鼓励金融机构持续加大对生物育种重大项目、国家育种联合攻关和畜禽遗传改良计划等中长期贷款投入，创新品种权（证书）、育种制种设施设备等抵质押贷款业务，合理满足育种研发、种子（苗种）繁殖、精深加工、推广销售等环节差异化融资需求，助力"育繁推一体化"发展。用好现代种业发展基金，鼓励天使投资人创业投资基金等加大资金投入。

（四）做好构建多元化食物供给体系金融服务。

树立大食物观，引导金融机构丰富生物性资产抵质押信贷产品种类，助力构建粮经饲统筹、农林牧渔结合、植物动物微生物并举的多元化食物供给体系。优化信贷资源配置，支持草原畜牧业转型升级。积极满足规模化标准化稻渔综合种养、大水面生态渔业、陆基和深远海养殖渔场建设、远洋渔业资源开发等领域信贷需求，加快现代海洋牧场和渔港经济区建设。

二、强化对农业科技装备和绿色发展金融支持

（五）做好农业关键核心技术攻关金融服务。

坚持产业需求导向，开辟贷款绿色通道，加大农业关键核心技术攻关金融支持力度。针对农业科技创新周期长等特点，加大中长期贷款投放，更好发挥农业产业化基金、农业科技创新投资基金引导撬动作用，为农业领域国家实验室、全国重点实验室、制造业创新中心等平台建设给予长期稳定金融支持。

（六）加大现代设施农业和先进农机研发融资支持力度。

依托设施农业现代化提升行动，创新金融产品和服务模式，加大对粮食烘干、设施农业生产、农产品产地冷藏、冷链物流设施、畜禽规模化养殖和屠宰加工、水稻集中育秧中心、蔬菜集约化育苗中心等领域金融支持力度。鼓励拓展农村资产抵质押范围，满足大型智能农机装备、丘陵山区适用小型机械和园艺机械、中小养殖户适用机械研发的合理融资需求。稳妥发展农机装备融资租赁，促进先进农机装备推广应用。

（七）加强农业绿色发展金融支持。

引导金融机构创新种植业固碳增汇、养殖业减排降碳、绿色农机研发等领域信贷产品，加大对国家农业绿色发展先行区信贷支持力度。推广林权抵押贷款等特色信贷产品，探索开展排污权、林业碳汇预期收益权、合

同能源管理收益权抵质押等贷款业务。探索多元化林业贷款融资模式，加大中长期信贷支持力度，支持林下经济发展。强化碳减排支持工具等货币政策工具运用，继续加大对符合条件的农村地区风力发电、太阳能和光伏等基础设施建设金融支持力度。

三、加大乡村产业高质量发展金融资源投入

（八）支持农产品加工流通业做大做强。

聚焦农产品加工业提升行动，积极开展订单、应收账款等质押贷款业务，支持各类主体发展农产品产地初加工和精深加工。加大对农产品加工产业园、农产品电商产业园、产地冷链集配中心、农业国际贸易高质量发展基地建设金融支持力度，助力市场流通体系与储运加工布局有机衔接。鼓励供应链核心企业通过链条白名单确认、应收账款确权、设立购销基金等多种方式为上下游企业担保增信，提升链上企业农户和新型农业经营主体融资可得性。优化进出口贸易和对外投资金融服务，强化国际合作，支持有实力有意愿的农业企业"走出去"，培育具有全球竞争力的大粮商。

（九）推动现代乡村服务业和新产业新业态培育发展。

充分挖掘乡村多元价值，创新特色金融产品和服务，全力支持乡村餐饮购物、旅游休闲、养老托幼等生活性服务业发展。加大中长期贷款投放，合理满足农业产业强镇、现代农业产业园、优势特色产业集群、农业现代化示范区、国家乡村振兴示范县建设融资需求。依法合规加强与电商企业合作，探索建立健全信用评级、业务审批、风险控制等信贷管理机制，支持"数商兴农"和"互联网+"农产品出村进城工程建设，助力发展电商直采、定制生产、预制菜等新产业新业态。

（十）支持县域富民产业发展壮大。

金融机构要创新开发具有地域亮点的金融产品，依托各地农业农村特色资源，"一链一策"做好"土特产"金融服务，推动农村一二三产业融合发展。综合运用专用账户闭环管理、整合还款来源、建设主体优质资产抵质押等增信措施，积极满足县域产业园区建设和企业发展资金需求。

（十一）促进农民创业就业增收。

围绕制造加工、物流快递、家政服务、餐饮、建筑等农民工就业集中行业，鼓励金融机构将企业社保缴费、职业技能培训、稳岗纾困情况等纳入授信评价体系。持续加大对返乡入乡创业园、农村创业孵化实训基地建设信贷资源投入，深化银企对接，带动更多农民工、灵活就业人员等重点群体创业就业。加大创业担保贷款政策实施力度，鼓励各地因地制宜适当放宽创业担保贷款申请条件，简化审批流程，积极满足农民工创业信贷需求。

四、优化和美乡村建设与城乡融合发展金融服务

（十二）加强乡村基础设施建设支持。

鼓励建立健全农业农村基础设施建设融资项目库，强化信息共享和服务对接，加大对产业园区、旅游景区、乡村旅游重点村一体化建设信贷支持力度。在依法合规前提下，根据借款人资信状况和偿债能力、项目建设进度、投资回报周期等，创新匹配度高的金融产品和融资模式，合理满足农村规模化供水工程建设和小型供水工程标准化改造等金融需求。鼓励金融机构通过组建银团等方式，合力支持乡村基础设施建设。

（十三）做好县域基本公共服务金融配套支持。

推进金融与教育、社保、医疗、社会救助等县域民生系统互联互通，

打造功能集成、管理规范、标准统一的县域基本公共服务与金融服务融合发展新模式。鼓励有条件的地区在行政服务中心设立普惠金融服务窗口，提供金融政策咨询、融资需求交办、金融辅导等服务，提升县域基本公共服务便利性和金融服务普惠性。

（十四）提升新市民金融服务水平。

充分运用信息技术，精准评估新市民信用状况，创新契合度高的信贷产品，提升金融供给质量和金融服务均等性。加强与地方政府信息共享和公用数据直连，丰富"金融+生活+政务"新市民金融服务场景。鼓励运用信贷、债券、资产支持证券、基础设施领域不动产投资信托基金（REITs）等方式，支持专业化、规模化住房租赁企业发展，依法合规加大对新市民等群体保障性租赁住房建设融资支持力度。扩大金融产品和服务供给，支持新市民就业创业、安家落户、子女教育、健康保险和养老保障。

（十五）改善县域消费金融服务。

完善农村电商融资、结算等金融服务，优化县域消费者授信审批和风控管理，提高消费金融可得性。鼓励通过线上办理、免息分期等方式，稳步推进低门槛、小额度、纯信用农村消费贷款，为县域各类消费场景提供个性化信贷产品，将金融服务嵌入衣食住行。

五、强化巩固拓展脱贫攻坚成果金融支持

（十六）加大对脱贫地区和脱贫人口金融支持力度。

立足脱贫地区资源禀赋和产业特点，科学制定信贷投放计划，发展特色农产品保险，推动脱贫地区更多承接和发展劳动密集型产业，加快培育壮大优势特色产业，支持有条件的农户发展庭院经济。保持脱贫地区信贷投放力度不减。加大对国家乡村振兴重点帮扶县金融支持力度，不断提高

县域存贷比，努力降低融资成本。加大对安置区后续发展金融支持力度。扎实做好脱贫人口小额信贷质量监测和续贷展期管理，严禁"户贷企用"。研究谋划过渡期后金融接续支持政策，分层分类做好脱贫人口、防止返贫监测对象和有劳动能力低收入人口金融服务，完善欠发达地区常态化金融帮扶机制。

（十七）深化金融机构定点帮扶工作。

承担中央单位定点帮扶任务的金融机构要把定点帮扶作为服务乡村振兴、建设农业强国、锤炼干部队伍的重要平台，围绕乡村发展、乡村建设、乡村治理重点任务，发挥金融组织优势和社会协同能力，创新帮扶举措，督促政策落实，确保结对关系调整优化平稳过渡，不断增强脱贫地区和脱贫群众内生发展动力，坚决守住不发生规模性返贫底线，努力把金融定点帮扶"责任田"建设成金融政策落地、普惠金融实现、信用价值彰显、风险防控有效的金融支持乡村振兴"示范田"，助力帮扶地区农业全面提升、农村全面进步、农民全面发展。

六、加强农业强国金融供给

（十八）强化金融机构组织功能。

开发性政策性银行要立足职能定位，在业务范围内加大对粮食和重要农产品稳产保供、农业农村基础设施、农业科技创新等重点领域中长期信贷支持力度。国有商业银行、股份制商业银行要发挥资源、机制、科技等优势，加强线上线下协同，增加乡村振兴领域信贷投入。农村中小金融机构要立足本土、专注支农支小，强化"三农"领域信贷资源配置。加快农村信用社改革，推动省联社转换职能，规范履职行为，稳步推进村镇银行结构性重组，强化风险防范化解，增强"三农"金融服务能力。鼓励金融机构在园区和社区增设服务乡村振兴、新市民等群体特色网点，推动基础服务向县域乡村延伸。

（十九）拓展多元化金融服务。

鼓励符合条件的企业发行公司债券、短期融资券、中期票据、资产支持证券、资产支持票据、乡村振兴票据等用于乡村振兴。积极支持符合条件的国家种业阵型企业、农业科技创新企业上市、挂牌融资和再融资。鼓励金融机构发行"三农"、小微、绿色金融债券，拓宽可贷资金渠道。推动"融资、融智、融商"有机结合，探索"党建共建+金融特派员下乡进村"模式，创新搭建招商引资、产销对接、融资支持等综合服务平台。持续推进储蓄国债下乡，丰富适合农村居民的理财产品。

（二十）增强保险保障服务能力。

逐步扩大稻谷、玉米、小麦完全成本保险和种植收入保险实施范围，实施好大豆完全成本保险和种植收入保险试点。鼓励发展渔业保险。提高养殖业保险保障水平，探索研发生猪、奶牛等养殖收入保险产品。进一步丰富小农户特色农产品收入保险、指数保险、区域产量保险、农机具综合保险等特色农业保险品类，优化"保险+期货"，强化保险保障功能。支持保险机构扩大农村居民意外伤害险、定期寿险、健康保险、养老保险等产品供给，不断提高承保理赔服务质量。

七、提升农村基础金融服务水平

（二十一）发展农村数字普惠金融。

依托金融科技赋能乡村振兴示范工程，鼓励金融机构运用新一代信息技术因地制宜打造惠农利民金融产品与服务，提升农村数字普惠金融水平。鼓励金融机构优化普惠金融服务点布局，扩大对偏远农村、山区等金融服务半径，推动金融与快递物流、电商销售、公共服务平台等合作共建，形成资金流、物流、商流、信息流"四流合一"农村数字普惠金融服务体系。在依法合规、风险可控的前提下，推广完善"乡村振兴主题卡"等特色支付产品，推动移动支付向县域农村下沉。

（二十二）推进农村信用体系建设。

支持各地与金融机构共建涉农公用信息数据平台，完善信用信息数据多方采集和分类分级保护机制，强化数据运用有效性和数据存储安全性。持续开展"信用户""信用村""信用乡（镇）"创建，鼓励金融机构与政府性融资担保机构合作，开展整村授信、整村担保。金融机构运用征信服务的基础上，要发挥好农业经营主体信贷直通车数据共享作用，用好全国一体化融资信用服务平台等信用体系建设成果，构建信用评价与授信审批联动机制，更好满足各类经营主体合理融资需求。鼓励各地建立恶意逃废金融债务"黑名单"，营造良好区域金融生态环境。

（二十三）加强金融教育和金融消费权益保护。

结合农村地区金融教育基地建设，持续推动金融素养教育、反诈拒赌宣传、金融知识等纳入农村义务教育课程，鼓励各单位积极参与公益慈善事业，创新开展"金惠工程""金育工程"等公益项目。持续畅通普惠金融重点人群权利救济渠道，推进金融纠纷多元化解机制建设，优化金融纠纷在线诉调对接工作，提升金融消费者对金融纠纷调解的认知度、参与度和认可度。加快推进消费者金融健康建设，促进金融健康建设与金融教育、金融消费权益保护有机结合。

八、强化金融支持农业强国建设政策保障

（二十四）加大货币政策工具支持力度。

用好再贷款再贴现、差别化存款准备金率等货币政策工具，强化精准滴灌和正向激励，引导金融机构加大对乡村振兴重点领域信贷支持力度，并适度向乡村振兴重点帮扶县倾斜。对发展基础好、经营结构稳健、具备可持续能力的县域法人金融机构，在存款准备金率、再贷款再贴现等方面给予更优惠的货币信贷政策支持。加强现有结构性货币政策工具在"三农"领域使用情况的统计、信息披露和政策评估。

（二十五）加强财政金融政策协同。

鼓励各地完善风险补偿、财政贴息、融资担保等配套政策，与再贷款等货币政策形成合力，支持乡村振兴相关领域贷款发放。充分发挥政府性融资担保机构增信作用，推动"银担"线上系统互联互通，提高代偿效率，加强政府性融资担保机构绩效评价，强化评价结果运用。支持探索投贷联动模式，鼓励通过农业农村投融资项目库推送重大项目信息。发挥财政、信贷、保险、期货合力，形成金融支农综合体系。

（二十六）推动融资配套要素市场改革。

探索完善农村产权确权颁证、抵押登记、流转交易、评估处置机制，加快推动农村产权流转交易和融资服务平台建设应用。推广农村承包土地经营权、集体经营性建设用地使用权等抵质押贷款业务，优先支持农村集体经济发展项目。支持活体畜禽、农业生产设施设备、农业仓单、品种权（证书）、应收账款等担保融资业务通过人民银行征信中心动产融资统一登记公示系统进行登记。

（二十七）优化金融管理政策。

适度提高涉农贷款风险容忍度，涉农贷款不良率高出金融机构自身各项贷款不良率年度目标3个百分点（含）以内的，可不作为监管评价扣分因素。督促金融机构探索简便易行、客观可量化的尽职认定标准、免责情形和问责要求，加快落实涉农贷款尽职免责制度。鼓励金融机构单设服务通道、单列信贷额度、单设考核指标、单授审批权限、单创信贷产品、单独资金定价，稳定加大涉农信贷投入。

九、完善工作机制

（二十八）加强组织领导。

鼓励各地建立健全由金融管理部门、农业农村、地方财政等部门参与的金融服务乡村振兴工作领导小组，完善统筹协调和信息共享工作机制，定期研究解决工作推进中遇到的困难和问题。严格落实地方党委和政府主体责任，严禁新增政府隐性债务。支持条件成熟的地区创设普惠金融改革试验区，探索金融支持全面推进乡村振兴的有效途径和可复制推广经验。各金融单位要将金融支持建设农业强国工作与本单位总体工作同部署、同推进、同考核。鼓励各地加强乡村金融人才培养，推动县乡"三农"工作人员与金融从业人员双向交流。

（二十九）强化评估宣传。

清晰界定乡村振兴金融服务支持的业务范围、领域，健全乡村振兴金融服务统计，各部门要探索建立重点领域融资监测机制。金融管理部门分支机构要持续做好金融机构服务乡村振兴考核评估工作，强化评估结果运用。金融机构要提高对分支机构和领导班子乡村振兴指标的绩效考核权重。各金融单位要依托线上线下渠道，采取群众喜闻乐见的形式加强政策宣传。及时总结提炼金融支持建设农业强国的典型模式、创新产品、经验做法，通过新闻报道、劳动竞赛、优秀案例评选等专题活动加强宣传交流推广，推动工作落实。

中国银保监会关于印发银行业保险业绿色金融指引的通知①

银保监发〔2022〕15号

各银保监局，各政策性银行、大型银行、股份制银行，各保险集团（控股）公司、保险公司、再保险公司、保险资产管理公司：

为贯彻落实党中央、国务院关于推动绿色发展的决策部署，促进银行业保险业发展绿色金融，积极服务兼具环境和社会效益的各类经济活动，更好助力污染防治攻坚，有序推进碳达峰、碳中和工作，银保监会制定了《银行业保险业绿色金融指引》。现印发给你们，请遵照执行。

请各银保监局将本通知转发至辖内相关银行保险机构，并督促落实。

2022年6月1日

银行业保险业绿色金融指引

第一章　总则

第一条　为促进银行业保险业发展绿色金融，积极服务兼具环境和社

---

① 来源：中国政府网。

会效益的各类经济活动，更好助力污染防治攻坚，有序推进碳达峰、碳中和工作，根据《中华人民共和国银行业监督管理法》《中华人民共和国商业银行法》《中华人民共和国保险法》等法律法规，制定本指引。

第二条 本指引所称银行保险机构包括在中华人民共和国境内依法设立的开发银行、政策性银行、商业银行、农村合作银行、农村信用社、保险集团（控股）公司、保险公司、再保险公司、保险资产管理公司。

其他银行业金融机构和保险机构绿色金融管理参照本指引执行。

第三条 银行保险机构应当完整、准确、全面贯彻新发展理念，从战略高度推进绿色金融，加大对绿色、低碳、循环经济的支持，防范环境、社会和治理风险，提升自身的环境、社会和治理表现，促进经济社会发展全面绿色转型。

第四条 银行保险机构应当有效识别、监测、防控业务活动中的环境、社会和治理风险，重点关注客户（融资方）及其主要承包商、供应商因公司治理缺陷和管理不到位而在建设、生产、经营活动中可能给环境、社会带来的危害及引发的风险，将环境、社会、治理要求纳入管理流程和全面风险管理体系，强化信息披露和与利益相关者的交流互动，完善相关政策制度和流程管理。重点关注的客户主要包括以下四类：

（一）银行信贷客户；

（二）投保环境、社会和治理风险等相关保险的客户；

（三）保险资金实体投资项目的融资方；

（四）其他根据法律法规或合同约定应开展环境、社会和治理风险管理的客户。

第五条 中国银行保险监督管理委员会（以下简称银保监会）及其派出机构依法负责对银行保险机构绿色金融业务活动实施监督管理。

第二章　组织管理

第六条　银行保险机构董事会或理事会应当承担绿色金融主体责任，树立并推行节约、低碳、环保、可持续发展等绿色发展理念，重视发挥银行保险机构在推进生态文明体系建设和促进经济社会发展全面绿色转型中的作用，建立与社会共赢的可持续发展模式。

第七条　银行保险机构董事会或理事会负责确定绿色金融发展战略，审批高级管理层制定的绿色金融目标和提交的绿色金融报告，指定专门委员会负责绿色金融工作，监督、评估本机构绿色金融发展战略执行情况。

第八条　银行保险机构高级管理层应当根据董事会或理事会的决定，制定绿色金融目标，建立机制和流程，明确职责和权限，开展内部监督检查和考核评价，每年度向董事会或理事会报告绿色金融发展情况，并按规定向银保监会或其派出机构报送和对外披露绿色金融相关情况。

第九条　银行保险机构总部和省级、地市级分支机构应当指定一名高级管理人员牵头负责绿色金融工作，根据需要建立跨部门的绿色金融工作领导和协调机制，统筹推进相关工作。

银行保险机构应当给予绿色金融工作负责人和相关部门充分授权，配备相应资源，并在绩效考核中充分体现绿色金融实施情况。

第十条　鼓励银行保险机构在依法合规、风险可控的前提下开展绿色金融体制机制创新，通过组建绿色金融专业部门、建设特色分支机构、设置专岗专职等方式，提升绿色金融服务质效和风险管理水平。

第三章　政策制度及能力建设

第十一条　银行保险机构应当根据国家绿色低碳发展目标和规划以及相关环保法律法规、产业政策、行业准入政策等规定，建立并不断完善环境、社会和治理风险管理的政策、制度和流程，明确绿色金融的支持方向和重点领域，对国家重点调控的限制类以及有重大风险的行业制定授信指引，实行有差别、动态的授信或投资政策，实施风险敞口管理制度。

第十二条　银行保险机构应当以助力污染防治攻坚为导向，有序推进碳达峰、碳中和工作。坚持稳中求进，调整完善信贷政策和投资政策，积极支持清洁低碳能源体系建设，支持重点行业和领域节能、减污、降碳、增绿、防灾，实施清洁生产，促进绿色低碳技术推广应用，落实碳排放、碳强度政策要求，先立后破、通盘谋划，有保有压、分类施策，防止"一刀切"和运动式减碳。坚决遏制高耗能、高排放、低水平项目盲目发展，加强对高碳资产的风险识别、评估和管理，在保障能源安全、产业链供应链安全的同时，渐进有序降低资产组合的碳强度，最终实现资产组合的碳中和。

第十三条　保险机构应当根据有关法律法规，结合自身经营范围积极开展环境保护、气候变化、绿色产业和技术等领域的保险保障业务以及服务创新，开发相关风险管理方法、技术和工具，为相关领域的生产经营者提供风险管理和服务，推动保险客户提高环境、社会和治理风险管理意识，根据合同约定开展事故预防和风险隐患排查。

第十四条　银行保险机构应当制定针对客户的环境、社会和治理风险评估标准，对客户风险进行分类管理与动态评估。银行机构应将风险评估结果作为客户评级、信贷准入、管理和退出的重要依据，并在贷款"三查"、贷款定价和经济资本分配等方面采取差别化的风险管理措施。保险机构应将风险评估结果作为承保管理和投资决策的重要依据，根据客户风险情况，实行差别费率。

银行保险机构应当对存在重大环境、社会和治理风险的客户实行名单制管理，积极行使作为债权人或股东的合法权利，要求其采取风险缓释措施，包括制定并落实重大风险应对预案，畅通利益相关方申诉渠道，建立充分、及时、有效的沟通机制，寻求第三方核查或分担风险等。

第十五条　银行保险机构应当建立有利于绿色金融创新的工作机制，在依法合规、有效控制风险和商业可持续的前提下，推动绿色金融流程、产品和服务创新。

第十六条　银行保险机构应当重视自身的环境、社会和治理表现，建立相关制度，加强绿色金融理念宣传教育，规范经营行为，实行绿色办公、绿色运营、绿色采购、绿色出行、"光盘"行动等，积极发展金融科技，提高信息化、集约化管理和服务水平，渐进有序减少碳足迹，最终实现运营的碳中和。

第十七条　银行保险机构应当加强绿色金融能力建设，建立健全相关业务标准和统计制度，强化对绿色金融数据的治理，完善相关管理系统，加强绿色金融培训，培养和引进相关专业人才。必要时可以借助合格、独立的第三方对环境、社会和治理风险进行评审或通过其他有效方式，获得相关专业服务。

第四章　投融资流程管理

第十八条　银行保险机构应当加强授信和投资尽职调查，根据客户及其项目所处行业、区域特点，明确环境、社会和治理风险尽职调查的内容要点，确保调查全面、深入、细致。必要时可以寻求合格、独立的第三方和相关主管部门的支持。

第十九条　银行保险机构应当对拟授信客户和拟投资项目进行严格的合规审查，针对不同行业的客户特点，制定环境、社会和治理方面的合规文件清单和合规风险审查清单，审查客户提交的文件和相关手续的合规性、有效性和完整性，确信客户对相关风险点有足够的重视和有效的动态控制，符合实质合规要求。

第二十条 银行保险机构应当加强授信和投资审批管理，根据客户面临的环境、社会和治理风险的性质和严重程度，确定合理的授信、投资权限和审批流程。对在环境、社会和治理方面存在严重违法违规和重大风险的客户，应当严格限制对其授信和投资。

第二十一条 银行保险机构应当通过完善合同条款督促客户加强环境、社会和治理风险管理。对涉及重大环境、社会和治理风险的信贷客户和投资项目，应当在合同正文或附件中要求客户提交环境、社会和治理风险报告，订立客户加强环境、社会和治理风险管理的声明和承诺条款，以及客户在管理环境、社会和治理风险方面违约时的救济条款。

第二十二条 银行保险机构应当加强信贷和投资资金拨付管理，将客户对环境、社会和治理风险的管理状况作为信贷和投资资金拨付的重要依据。在已授信和投资项目的设计、准备、施工、竣工、运营、关停等相关环节，合理设置环境、社会和治理风险评估关卡，对出现重大风险隐患的，可以按照合同约定中止直至终止资金拨付。

第二十三条 银行保险机构应当加强贷后和投后管理，对有潜在重大环境、社会和治理风险的客户，制定并实行有针对性的管理措施。密切关注国内外法律、政策、技术、市场变化对客户经营状况和行业发展的影响，加强动态分析，开展情景分析和压力测试，并在资产风险分类、准备计提等方面及时做出调整。建立健全客户重大环境、社会和治理风险的内部报告制度和责任追究制度，在客户发生重大环境、社会和治理风险事件时，应当督促客户及时采取相关的风险处置措施，并就该事件可能造成的影响及时进行报告。

第二十四条 银行保险机构应当根据自身实际积极运用大数据、区块链、人工智能等科技手段提升绿色金融管理水平，不断完善产品开发、经营销售、投融资管理等业务流程，优化对小微企业融资、线上融资等业务的环境、社会和治理风险管理，结合业务特点在风险评估、尽职调查、合规审查、信贷管理、投后管理等方面采取差异化、便捷化的管理措施，提高风险管理的覆盖面和有效性。

第二十五条　银行保险机构应当积极支持"一带一路"绿色低碳建设，加强对拟授信和投资的境外项目的环境、社会和治理风险管理，要求项目发起人及其主要承包商、供应商遵守项目所在国家或地区有关生态、环境、土地、健康、安全等相关法律法规，遵循相关国际惯例或准则，确保对项目的管理与国际良好做法在实质上保持一致。

第五章　内控管理与信息披露

第二十六条　银行保险机构应当将绿色金融政策执行情况纳入内控合规检查范围，定期组织实施内部审计。检查发现违规问题的，应当依据规定进行问责。

第二十七条　银行保险机构应当建立有效的绿色金融考核评价体系和奖惩机制，落实激励约束措施，完善尽职免责机制，确保绿色金融持续有效开展。

第二十八条　银行保险机构应当公开绿色金融战略和政策，充分披露绿色金融发展情况。借鉴国际惯例、准则或良好实践，提升信息披露水平。对涉及重大环境、社会和治理风险影响的授信或投资情况，应当建立申诉回应机制，依据法律法规、自律管理规则等主动、及时、准确、完整披露相关信息，接受市场和利益相关方的监督。必要时可以聘请合格、独立的第三方，对银行保险机构履行环境、社会和治理责任的活动进行鉴证、评估或审计。

第六章　监督管理

第二十九条　银保监会及其派出机构应当加强与相关主管部门的协调配合，推动建立健全信息共享机制，为银行保险机构获得绿色产业项目信息、企业环境、社会和治理风险相关信息提供便利，向银行保险机构提示相关风险。

第三十条　银保监会及其派出机构应当加强非现场监管，完善非现场监管指标，强化对银行保险机构管理环境、社会和治理风险的监测分析，及时引导其调整完善信贷和投资政策，加强风险管理。

第三十一条　银保监会及其派出机构组织开展日常监管和监督检查，应当充分考虑银行保险机构管理环境、社会和治理风险的情况，明确相关监管内容和要求。

第三十二条　银行保险机构在开展绿色金融业务过程中违反相关监管规定的，银保监会及其派出机构可依法采取监管措施，督促银行保险机构整改。

第三十三条　银保监会及其派出机构应当加强对银行保险机构绿色金融业务的指导，在银行保险机构自评估的基础上，采取适当方式评估银行保险机构绿色金融成效，按照相关法律法规将评估结果作为银行保险机构监管评级、机构准入、业务准入、高管人员履职评价的重要参考。

第三十四条　银保监会及其派出机构应当指导银行保险行业自律组织积极发挥作用，通过组织会员单位定期进行绿色金融实施情况评价，开展绿色金融教育培训、交流研讨、调查研究、推荐专业人才等方式，促进绿色金融发展。

第七章　附则

第三十五条　本指引自公布之日起实施。

银行保险机构应当自本指引实施之日起1年内建立和完善相关内部管理制度和流程，确保绿色金融管理工作符合监管规定。

第三十六条　本指引由银保监会负责解释。

中国银保监会

2022年6月1日

中共中央 国务院关于加快经济社会发展全面绿色转型的意见①

（2024年7月31日）

推动经济社会发展绿色化、低碳化，是新时代党治国理政新理念新实践的重要标志，是实现高质量发展的关键环节，是解决我国资源环境生态问题的基础之策，是建设人与自然和谐共生现代化的内在要求。为加快经济社会发展全面绿色转型，现提出如下意见。

一、总体要求

坚持以习近平新时代中国特色社会主义思想为指导，深入贯彻党的二十大和二十届二中、三中全会精神，全面贯彻习近平经济思想、习近平生态文明思想，完整准确全面贯彻新发展理念，加快构建新发展格局，坚定不移走生态优先、节约集约、绿色低碳高质量发展道路，以碳达峰碳中和工作为引领，协同推进降碳、减污、扩绿、增长，深化生态文明体制改革，健全绿色低碳发展机制，加快经济社会发展全面绿色转型，形成节约资源和保护环境的空间格局、产业结构、生产方式、生活方式，全面推进美丽中国建设，加快推进人与自然和谐共生的现代化。

工作中要做到：

——坚持全面转型。牢固树立绿水青山就是金山银山的理念，将绿色

---

① 来源：《工人日报》2024年8月12日。

转型的要求融入经济社会发展全局，全方位、全领域、全地域推进绿色转型，构建人与自然生命共同体。

——坚持协同转型。充分考虑不同地区、不同行业的发展实际，坚持统筹推进与重点突破相结合，科学设定绿色转型的时间表、路线图、施工图，鼓励有条件的地区和行业先行探索。

——坚持创新转型。强化支撑绿色转型的科技创新、政策制度创新、商业模式创新，推进绿色低碳科技革命，因地制宜发展新质生产力，完善生态文明制度体系，为绿色转型提供更强创新动能和制度保障。

——坚持安全转型。统筹处理好发展和减排、整体和局部、当前和长远、政府和市场的关系，妥善防范化解绿色转型面临的内外部风险挑战，切实保障粮食能源安全、产业链供应链安全，更好保障人民群众生产生活。

主要目标是：到2030年，重点领域绿色转型取得积极进展，绿色生产方式和生活方式基本形成，减污降碳协同能力显著增强，主要资源利用效率进一步提升，支持绿色发展的政策和标准体系更加完善，经济社会发展全面绿色转型取得显著成效。到2035年，绿色低碳循环发展经济体系基本建立，绿色生产方式和生活方式广泛形成，减污降碳协同增效取得显著进展，主要资源利用效率达到国际先进水平，经济社会发展全面进入绿色低碳轨道，碳排放达峰后稳中有降，美丽中国目标基本实现。

二、构建绿色低碳高质量发展空间格局

（一）优化国土空间开发保护格局。健全全国统一、责权清晰、科学高效的国土空间规划体系，严守耕地和永久基本农田、生态保护红线、城镇开发边界三条控制线，优化各类空间布局。健全主体功能区制度体系，推进主体功能综合布局，细化主体功能区划分，完善差异化政策。加快建

设以国家公园为主体、自然保护区为基础、各类自然公园为补充的自然保护地体系。加强生态环境分区管控。健全海洋资源开发保护制度，系统谋划海洋开发利用，推进陆海协同可持续发展。

（二）打造绿色发展高地。加强区域绿色发展协作，统筹推进协调发展和协同转型，打造绿色低碳高质量发展的增长极和动力源。推进京津冀协同发展，完善生态环境协同保护机制，支持雄安新区建设成为绿色发展城市典范。持续推进长江经济带共抓大保护，探索生态优先、绿色发展新路径。深入推进粤港澳大湾区建设和长三角一体化发展，打造世界级绿色低碳产业集群。推动海南自由贸易港建设、黄河流域生态保护和高质量发展。建设美丽中国先行区。持续加大对资源型地区和革命老区绿色转型的支持力度，培育发展绿色低碳产业。

三、加快产业结构绿色低碳转型

（三）推动传统产业绿色低碳改造升级。大力推动钢铁、有色、石化、化工、建材、造纸、印染等行业绿色低碳转型，推广节能低碳和清洁生产技术装备，推进工艺流程更新升级。优化产能规模和布局，持续更新土地、环境、能效、水效和碳排放等约束性标准，以国家标准提升引领传统产业优化升级，建立健全产能退出机制。合理提高新建、改扩建项目资源环境准入门槛，坚决遏制高耗能、高排放、低水平项目盲目上马。

（四）大力发展绿色低碳产业。加快发展战略性新兴产业，建设绿色制造体系和服务体系，不断提升绿色低碳产业在经济总量中的比重。加快培育有竞争力的绿色低碳企业，打造一批领军企业和专精特新中小企业。大力推广合同能源管理、合同节水管理、环境污染第三方治理等模式和以环境治理效果为导向的环境托管服务。推动文化产业高质量发展，促进文化和旅游深度融合发展。积极鼓励绿色低碳导向的新产业、新业态、新商业模式加快发展。到2030年，节能环保产业规模达到15万亿元左右。

（五）加快数字化绿色化协同转型发展。推进产业数字化智能化同绿色化的深度融合，深化人工智能、大数据、云计算、工业互联网等在电力系统、工农业生产、交通运输、建筑建设运行等领域的应用，实现数字技术赋能绿色转型。推动各类用户"上云、用数、赋智"，支持企业用数智技术、绿色技术改造提升传统产业。推动绿色低碳数字基础设施建设，推进既有设施节能降碳改造，逐步淘汰"老旧小散"设施。引导数字科技企业绿色低碳发展，助力上下游企业提高减碳能力。探索建立环境污染和气象灾害高效监测、主动预警、科学分析、智能决策系统。推进实景三维中国建设与时空信息赋能应用。

四、稳妥推进能源绿色低碳转型

（六）加强化石能源清洁高效利用。加强能源产供储销体系建设，坚持先立后破，推进非化石能源安全可靠有序替代化石能源，持续优化能源结构，加快规划建设新型能源体系。坚决控制化石能源消费，深入推动煤炭清洁高效利用，"十四五"时期严格合理控制煤炭消费增长，接下来5年逐步减少，在保障能源安全供应的前提下，重点区域继续实施煤炭消费总量控制，积极有序推进散煤替代。加快现役煤电机组节能降碳改造、灵活性改造、供热改造"三改联动"，合理规划建设保障电力系统安全所必需的调节性、支撑性煤电。加大油气资源勘探开发和增储上产力度，加快油气勘探开发与新能源融合发展。推进二氧化碳捕集利用与封存项目建设。

（七）大力发展非化石能源。加快西北风电光伏、西南水电、海上风电、沿海核电等清洁能源基地建设，积极发展分布式光伏、分散式风电，因地制宜开发生物质能、地热能、海洋能等新能源，推进氢能"制储输用"全链条发展。统筹水电开发和生态保护，推进水风光一体化开发。积极安全有序发展核电，保持合理布局和平稳建设节奏。到2030年，非化石能源消费比重提高到25%左右。

（八）加快构建新型电力系统。加强清洁能源基地、调节性资源和输电通道在规模能力、空间布局、建设节奏等方面的衔接协同，鼓励在气源可落实、气价可承受地区布局天然气调峰电站，科学布局抽水蓄能、新型储能、光热发电，提升电力系统安全运行和综合调节能力。建设智能电网，加快微电网、虚拟电厂、源网荷储一体化项目建设。加强电力需求侧管理。深化电力体制改革，进一步健全适应新型电力系统的体制机制。到2030年，抽水蓄能装机容量超过1.2亿千瓦。

五、推进交通运输绿色转型

（九）优化交通运输结构。构建绿色高效交通运输体系，完善国家铁路、公路、水运网络，推动不同运输方式合理分工、有效衔接，降低空载率和不合理客货运周转量。大力推进多式联运"一单制"、"一箱制"发展，加快货运专用铁路和内河高等级航道网建设，推进主要港口、大型工矿企业和物流园区铁路专用线建设，提高绿色集疏运比例，持续提高大宗货物的铁路、水路运输比重。优化民航航路航线，提升机场运行电动化智能化水平。

（十）建设绿色交通基础设施。提升新建车站、机场、码头、高速公路设施绿色化智能化水平，推进既有交通基础设施节能降碳改造提升，建设一批低碳（近零碳）车站、机场、码头、高速公路服务区，因地制宜发展高速公路沿线光伏。完善充（换）电站、加氢（醇）站、岸电等基础设施网络，加快建设城市智慧交通管理系统。完善城乡物流配送体系，推动配送方式绿色智能转型。深入实施城市公共交通优先发展战略，提升公共交通服务水平。加强人行步道和自行车专用道等城市慢行系统建设。

（十一）推广低碳交通运输工具。大力推广新能源汽车，推动城市公共服务车辆电动化替代。推动船舶、航空器、非道路移动机械等采用清洁动力，加快淘汰老旧运输工具，推进零排放货运，加强可持续航空燃料研发应用，鼓励净零排放船用燃料研发生产应用。到2030年，营运交通工具单位换算周转量碳排放强度比2020年下降9.5%左右。到2035年，新能源汽车成为新销售车辆的主流。

六、推进城乡建设发展绿色转型

（十二）推行绿色规划建设方式。在城乡的规划、建设、治理各环节全面落实绿色转型要求。倡导绿色低碳规划设计理念，严守城镇开发边界，控制新增建设用地过快增长，保护和修复绿地、水域、湿地等生态空间，合理规划噪声敏感建筑物集中区域。推进气候适应型城市建设，增强城乡气候韧性。推广绿色建造方式，优先选用绿色建材，深化扬尘污染综合治理。

（十三）大力发展绿色低碳建筑。建立建筑能效等级制度。提升新建建筑中星级绿色建筑比例，推动超低能耗建筑规模化发展。加快既有建筑和市政基础设施节能节水降碳改造，推广先进高效照明、空调、电梯等设备。优化建筑用能结构，推进建筑光伏一体化建设，推动"光储直柔"技术应用，发展清洁低碳供暖。

（十四）推动农业农村绿色发展。实施农业农村减排固碳行动，优化种养结构，推广优良作物畜禽品种和绿色高效栽培养殖技术，推进化肥、农药等农业投入品减量增效。建立健全秸秆、农膜、农药包装废弃物、畜禽粪污等农业废弃物收集利用处理体系，加强秸秆禁烧管控。深入推进农村人居环境整治提升，培育乡村绿色发展新产业新业态。因地制宜开发利用可再生能源，有序推进农村地区清洁取暖。

七、实施全面节约战略

（十五）大力推进节能降碳增效。高水平、高质量抓好节能工作，推动重点行业节能降碳改造，加快设备产品更新换代升级。构建碳排放统计核算体系，加强固定资产投资项目节能审查，探索开展项目碳排放评价，严把新上项目能耗和碳排放关。推动企业建立健全节能降碳管理机制，推广节能降碳"诊断+改造"模式，强化节能监察。

（十六）加强资源节约集约高效利用。完善资源总量管理和全面节约制度，加强水、粮食、土地、矿产等各类资源的全过程管理和全链条节约。落实水资源刚性约束制度，发展节水产业，加强非常规水源利用，建设节水型社会。落实反食品浪费法，健全粮食和食物节约长效机制，开展粮食节约行动。落实最严格的耕地保护制度和土地节约集约利用制度，推广节地技术和节地模式，优化存量土地开发利用，提升海域空间利用效率。加强矿产资源勘查、保护和合理开发，提高开采效率，加强低品位资源利用。

（十七）大力发展循环经济。深入推进循环经济助力降碳行动，推广资源循环型生产模式，大力发展资源循环利用产业，推动再制造产业高质量发展，提高再生材料和产品质量，扩大对原生资源的替代规模。推进生活垃圾分类，提升资源化利用率。健全废弃物循环利用体系，强化废弃物分类处置和回收能力，提升再生利用规模化、规范化、精细化水平。到2030年，大宗固体废弃物年利用量达到45亿吨左右，主要资源产出率比2020年提高45%左右。

八、推动消费模式绿色转型

（十八）推广绿色生活方式。大力倡导简约适度、绿色低碳、文明健康的生活理念和消费方式，将绿色理念和节约要求融入市民公约、村规民约、学生守则、团体章程等社会规范，增强全民节约意识、环保意识、生态意识。开展绿色低碳全民行动，引导公众节约用水用电、反对铺张浪费、推广"光盘行动"、抵制过度包装、减少一次性用品使用，引导公众优先选择公共交通、步行、自行车等绿色出行方式，广泛开展爱国卫生运动，推动解决噪声、油烟、恶臭等群众身边的环境问题，形成崇尚生态文明的社会氛围。

（十九）加大绿色产品供给。引导企业开展绿色设计、选择绿色材料、推行绿色制造、采用绿色包装、开展绿色运输、回收利用资源，降低产品全生命周期能源资源消耗和生态环境影响。建立健全绿色产品设计、采购、制造标准规范，加强绿色产品认证与标识体系建设，完善能效、水效标识制度，建立产品碳足迹管理体系和产品碳标识认证制度。加强绿色产品和服务认证管理，完善认证机构监管机制，培育具有国际影响力的绿色认证机构。

（二十）积极扩大绿色消费。健全绿色消费激励机制。优化政府绿色采购政策，拓展绿色产品采购范围和规模，适时将碳足迹要求纳入政府采购。引导企业执行绿色采购指南，鼓励有条件的企业建立绿色供应链，带动上下游企业协同转型。支持有条件的地区通过发放消费券、绿色积分等途径，鼓励企业采取"以旧换新"等方式，引导消费者购买绿色产品。开展新能源汽车和绿色智能家电、节水器具、节能灶具、绿色建材下乡活动，加强配套设施建设和售后服务保障。鼓励用户扩大绿色能源消费。

九、发挥科技创新支撑作用

（二十一）强化应用基础研究。建立前沿引领技术、颠覆性技术的预测、发现、评估和预警机制，适度超前布局国家重大科研基础设施，组建一批全国重点实验室和国家创新平台，实施一批国家重大前沿科技项目，着力加强绿色低碳领域应用基础研究，激发颠覆性技术创新。创新人才培养模式，优化高校学科专业设置，夯实绿色转型智力基础。

（二十二）加快关键技术研发。推进绿色低碳科技自立自强，将绿色转型相关技术作为国家重点研发计划相关重点专项的重要支持方向，聚焦能源绿色低碳转型、低碳零碳工艺流程再造、新型电力系统、二氧化碳捕集利用与封存、资源节约集约与循环利用、新污染物治理等领域，统筹强化关键核心技术攻关。强化企业科技创新主体地位，支持龙头企业牵头组建关键核心技术攻关联合体，加大对中小企业绿色低碳技术研发的资助力度，鼓励各类所有制企业参与相关国家科技计划。

（二十三）开展创新示范推广。发挥创新对绿色转型的关键引领作用。开展多层次试点，推进工业、能源、交通运输、城乡建设、农业等重点领域减污降碳协同增效。实施绿色低碳先进技术示范工程，加快先进适用技术示范应用和推广。完善绿色低碳技术评估、交易体系和科技创新服务平台，探索有利于绿色低碳新产业新业态发展的商业模式，加强绿色低碳技术知识产权创造、保护、运用，激发全社会创新活力。

十、完善绿色转型政策体系

（二十四）健全绿色转型财税政策。积极构建有利于促进绿色低碳发展和资源高效利用的财税政策体系，支持新型能源体系建设、传统行业改造升级、绿色低碳科技创新、能源资源节约集约利用和绿色低碳生活方式推广等领域工作。落实环境保护、节能节水、资源综合利用、新能源和清洁能源车船税收优惠。完善绿色税制，全面推行水资源费改税，完善环境保护税征收体系，研究支持碳减排相关税收政策。

（二十五）丰富绿色转型金融工具。延长碳减排支持工具实施年限至

2027年年末。研究制定转型金融标准，为传统行业领域绿色低碳转型提供合理必要的金融支持。鼓励银行在合理评估风险基础上引导信贷资源绿色化配置，有条件的地方可通过政府性融资担保机构支持绿色信贷发展。鼓励地方政府通过多种方式降低绿色债券融资成本。积极发展绿色股权融资、绿色融资租赁、绿色信托等金融工具，有序推进碳金融产品和衍生工具创新。发展绿色保险，探索建立差别化保险费率机制。

（二十六）优化绿色转型投资机制。创新和优化投资机制，鼓励各类资本提升绿色低碳领域投资比例。中央预算内投资对绿色低碳先进技术示范、重点行业节能降碳、资源高效循环利用、环境基础设施建设等领域重点项目积极予以支持。引导和规范社会资本参与绿色低碳项目投资、建设、运营，鼓励社会资本以市场化方式设立绿色低碳产业投资基金。支持符合条件的新能源、生态环境保护等绿色转型相关项目发行基础设施领域不动产投资信托基金（REITs）。

（二十七）完善绿色转型价格政策。深化电力价格改革，完善鼓励灵活性电源参与系统调节的价格机制，实行煤电容量电价机制，研究建立健全新型储能价格形成机制，健全阶梯电价制度和分时电价政策，完善高耗能行业阶梯电价制度。完善居民阶梯水价、非居民用水及特种用水超定额累进加价政策，推进农业水价综合改革。支持地方完善收费模式，推进生活垃圾处理收费方式改革，建立城镇生活垃圾分类和减量激励机制。

（二十八）健全绿色转型市场化机制。健全资源环境要素市场化配置体系，完善交易制度规范及登记、出让、转让、抵押等配套制度，探索基于资源环境权益的融资工具。健全横向生态保护补偿机制，完善生态产品价值实现机制。推进全国碳排放权交易市场和温室气体自愿减排交易市场建设，健全法规制度，适时有序扩大交易行业范围。完善绿色电力证书交易制度，加强绿电、绿证、碳交易等市场化机制的政策协同。

（二十九）构建绿色发展标准体系。建立碳达峰碳中和标准体系，推进基础通用标准及碳减排、碳清除相关标准制定修订，制定企业碳排放和产品碳足迹核算、报告、核查等标准。加快节能标准更新升级，提升重点产品能耗限额要求，扩大能耗限额标准覆盖范围。完善可再生能源标准体系和工业绿色低碳标准体系，建立健全氢能"制储输用"标准。

十一、加强绿色转型国际合作

（三十）参与引领全球绿色转型进程。秉持人类命运共同体理念，积极参与应对气候变化、海洋污染治理、生物多样性保护、塑料污染治理等领域国际规则制定，推动构建公平合理、合作共赢的全球环境气候治理体系。推动落实全球发展倡议，加强南南合作以及同周边国家合作，在力所能及范围内为发展中国家提供支持。

（三十一）加强政策交流和务实合作。拓展多双边对话合作渠道，加强绿色发展领域的多边合作平台建设，大力宣传中国绿色转型成效，积极借鉴国际经验。加强绿色投资和贸易合作，推进"绿色丝绸之路"建设，深化与有关国家务实合作，提高境外项目环境可持续性，鼓励绿色低碳产品进出口。加强绿色技术合作，鼓励高校、科研机构与外方开展学术交流，积极参与国际大科学工程。加强绿色标准与合格评定国际合作，参与相关国际标准制定修订，推动与主要贸易伙伴在碳足迹等规则方面衔接互认。

十二、组织实施

（三十二）坚持和加强党的全面领导。在党中央集中统一领导下，加快推进经济社会发展全面绿色转型，把党的领导贯彻到工作的全过程和各方面。各地区各部门要明确本地区本部门绿色转型的重点任务，结合实际抓好本意见贯彻落实。各相关单位、人民团体、社会组织要积极推进本领域绿色转型工作。国家发展改革委要加强统筹协调，会同有关部门建立能耗双控向碳排放双控全面转型新机制，制定实施碳达峰碳中和综合评价考核制度，科学开展考核，加强评价考核结果应用。重要情况及时按程序向党中央、国务院请示报告。

（三十三）加强法治保障。各有关单位要加快推进生态环境法典和能源法、节约能源法、电力法、煤炭法、可再生能源法、循环经济促进法等法律法规制定修订工作，研究制定应对气候变化和碳达峰碳中和专项法律。落实民法典绿色原则，引导民事主体节约能源资源、保护生态环境。健全行政执法与刑事司法衔接机制。依法开展生态环境损害赔偿诉讼、生态环境和资源保护领域公益诉讼，完善生态环境损害赔偿和修复机制。

（新华社北京8月11日电）

中国人民银行 国家发展改革委 工业和信息化部 财政部 生态环境部 金融监管总局 中国证监会 关于进一步强化金融支持绿色低碳发展的指导意见[①]

中国人民银行上海总部，各省、自治区、直辖市及计划单列市分行，各省、自治区、直辖市及计划单列市、新疆生产建设兵团发展改革委、工业和信息化主管部门、财政厅（局）、生态环境厅（局），国家金融监督管理总局各监管局，中国证监会各证监局：

为贯彻落实党中央、国务院关于碳达峰碳中和重大决策部署，做好绿色金融大文章，积极支持绿色低碳发展，经国务院同意，现提出如下意见。

一、总体要求

（一）指导思想。

以习近平新时代中国特色社会主义思想为指导，全面贯彻党的二十大精神，深入践行习近平生态文明思想，坚持稳中求进工作总基调，立足新发展阶段，完整、准确、全面贯彻新发展理念，加快构建新发展格局，着力推动高质量发展，进一步强化金融对绿色低碳发展的支持，坚定不移走生态优先、节约集约、绿色低碳的高质量发展道路，为确保国家能源安全、助力碳达峰碳中和形成有力支撑。

---

① 来源：中国政府网。

（二）工作原则。

——统筹发展和安全。统筹高质量发展和高水平安全，加大金融对绿色低碳发展的支持力度，协同推进降碳、减污、扩绿、增长，加强风险识别和管控，在推动新型能源体系建设和能源企业转型过程中防范化解风险，确保粮食、能源资源、重要产业链供应链安全和群众正常生活，为经济高质量发展提供有力支撑。

——兼顾长期与当前。坚持系统观念，加强前瞻性思考和全局性谋划，科学有序推进碳达峰碳中和，立足我国能源资源禀赋，乘势而上、先立后破，合理规划和实施金融支持碳减排的短、中、长期任务，推动各项任务尽早起步、持续发力，稳妥有序推进绿色金融改革创新，更好服务绿色低碳发展。

——激励与约束并重。充分发挥市场在资源配置中的决定性作用，更好发挥政府作用，引导金融资源支持高排放行业绿色低碳转型和可再生能源项目建设，促进工业绿色转型和升级，支持绿色低碳交通和绿色建筑发展。严控金融资源投向高耗能、高排放、低水平项目。

——坚持高标准推动和高水平合作。按照国家绿色低碳发展战略，科学制定、规范实施清晰可执行的绿色金融和转型金融标准，推动中国标准与国际标准体系兼容。积极参与应对气候变化全球治理，主动引领全球绿色金融议题，为全球应对气候变化贡献中国智慧，加强国际成熟经验的国内运用和国内有益经验的国际推广。

（三）主要目标。

未来5年，国际领先的金融支持绿色低碳发展体系基本构建，金融基础设施、环境信息披露、风险管理、金融产品和市场、政策支持体系及绿色金融标准体系不断健全，绿色金融区域改革有序推进，国际合作更加密切，各类要素资源向绿色低碳领域有序聚集。

到2035年，各类经济金融绿色低碳政策协同高效推进，金融支持绿色低碳发展的标准体系和政策支持体系更加成熟，资源配置、风险管理和市场定价功能得到更好发挥。

二、优化绿色金融标准体系

（四）推动金融系统逐步开展碳核算。建立健全金融机构碳核算方法和数据库，着力推动成熟的碳核算方法和成果在金融系统应用，制定出台统一的金融机构和金融业务碳核算标准，推动金融机构加强自身及其投融资相关业务碳排放数据的管理和统计。提升金融机构碳核算的规范性、权威性和透明度。鼓励金融机构和企业运用大数据、金融科技等技术手段为碳核算工作提供技术支撑。

（五）持续完善绿色金融标准体系。制定统一的绿色金融标准体系。持续优化我国绿色债券标准，统一绿色债券募集资金用途、信息披露和监管要求，完善绿色债券评估认证标准。进一步优化绿色公司债券申报受理及审核注册"绿色通道"制度安排，提升企业发行绿色债券的便利度。研究制定《绿色债券支持项目目录》低碳项目推荐性指引、绿色债券碳核算方法和披露标准，要求债券发行人核算并披露募集资金所支持项目的碳减排量和碳排放量。完善绿色债券统计，逐步构建可衡量碳减排效果的绿色金融统计体系，全面反映金融支持生态文明建设成效。进一步完善绿色信贷标准体系。建立健全绿色保险标准。研究制定绿色股票标准，统一绿色股票业务规则。适时推动温室气体分项核算、披露和统计。加快研究制定工业绿色发展指导目录和项目库，大力支持绿色技术创新。支持建立气候投融资项目库标准体系。加快研究制定转型金融标准，将符合条件的工业绿色发展项目等纳入支持范围，明确转型活动目录、披露要求、产品体系和激励机制等核心要素。

三、强化以信息披露为基础的约束机制

（六）推动金融机构和融资主体开展环境信息披露。分步分类探索建立覆盖不同类型金融机构的环境信息披露制度，推动相关上市公司、发债主体依法披露环境信息。制定完善上市公司可持续发展信息披露指引，引导上市公司披露可持续发展信息。健全碳排放信息披露框架，鼓励金融机构披露高碳资产敞口和建立气候变化相关风险突发事件应急披露机制。定期披露绿色金融统计数据。

（七）不断提高环境信息披露和评估质量。研究完善金融机构环境信息披露指南。鼓励信用评级机构建立健全针对绿色金融产品的评级体系，支持信用评级机构将环境、社会和治理（ESG）因素纳入信用评级方法与模型。推动重点排污单位、实施强制性清洁生产审核的企业、相关上市公司和发债企业依法披露的环境信息、碳排放信息等实现数据共享。发挥国家产融合作平台作用，建立工业绿色发展信息共享机制，推动跨部门、多维度、高价值绿色数据对接。

四、促进绿色金融产品和市场发展

（八）推进碳排放权交易市场建设。依据碳市场相关政策法规和技术规范，开展碳排放权登记、交易、结算活动，加强碳排放核算、报告与核查。研究丰富与碳排放权挂钩的金融产品及交易方式，逐步扩大适合我国碳市场发展的交易主体范围。合理控制碳排放权配额发放总量，科学分配初始碳排放权配额。增强碳市场流动性，优化碳市场定价机制。

（九）加大绿色信贷支持力度。在依法合规、风险可控和商业可持续的前提下，鼓励金融机构利用绿色金融标准或转型金融标准，加大对能源、工业、交通、建筑等领域绿色发展和低碳转型的信贷支持力度，优化

绿色信贷流程、产品和服务。探索采取市场化方式为境内主体境外融资提供增信服务，降低海外金融活动风险。加强供应链金融配套基础设施建设，推动绿色供应链创新与应用。

（十）进一步加大资本市场支持绿色低碳发展力度。支持符合条件的企业在境内外上市融资或再融资，募集资金用于绿色低碳项目建设运营。大力支持符合条件的企业、金融机构发行绿色债券和绿色资产支持证券。积极发展碳中和债和可持续发展挂钩债券。支持清洁能源等符合条件的基础设施项目发行不动产投资信托基金（REITs）产品。支持地方政府将符合条件的生态环保等领域建设项目纳入地方政府债券支持范围。加强对生态环境导向的开发模式（EOD）的金融支持，完善相关投融资模式。在依法合规、风险可控前提下，研究推进绿色资产管理产品发展。规范开展绿色债券、绿色股权投融资业务。鼓励境外机构发行绿色熊猫债，投资境内绿色债券。支持证券基金及相关投资行业开发绿色投资产品，更好履行环境、社会和治理责任。加大金融支持绿色低碳重大科技攻关和推广应用的力度，强化基础研究和前沿技术布局，加快先进适用技术研发和推广等。

（十一）大力发展绿色保险和服务。完善气候变化相关重大风险的保险保障体系。为高风险客户提供防灾防损预警服务，及时排查风险隐患，降低理赔风险。发挥保险资金长期投资特点，鼓励保险资金按照商业化原则支持绿色产业和绿色项目，优化长期投资能力考评机制。鼓励保险机构研究建立企业碳排放水平与保险定价关联机制。推动发展新能源汽车保险。

（十二）壮大绿色金融市场参与主体。推广可持续投资理念，吸引养老保险基金等长期机构投资者投资绿色金融产品。鼓励银行业金融机构建设绿色金融特色分支机构，将绿色金融发展纳入金融机构考核评价体系。鼓励有条件、有意愿的金融机构采纳或签署以绿色金融、可持续金融等为主题的国际原则或倡议。在交易账户设立、交易、登记、清算、结算、资金汇兑和跨境汇入汇出等环节，为境外投资者配置境内绿色金融资产提供便利化金融服务。涉及碳资产业务的，按照《巴黎协定》国内履约要求管理。

五、加强政策协调和制度保障

（十三）推动完善法律法规。发挥法治固根本、稳预期、利长远的保障作用，推进绿色金融领域立法，促进金融支持绿色转型和低碳发展。鼓励有条件的地方依法率先出台地方性绿色金融法规。研究明确商业银行在绿色金融方面的社会责任及授信审查尽职免责要求。

（十四）完善金融机构绿色金融考核评价机制。不定期开展政策跟踪评估，持续优化绿色金融评价机制，完善和加强金融支持绿色低碳发展的信息通报机制。加大对金融机构绿色金融业务及能力的考核评价力度，逐步将金融机构持有的绿色基金和境外绿色金融资产纳入绿色金融评价，丰富评价结果运用场景。鼓励金融机构通过调整内部资金转移定价和经济资本占用等方式引导金融资源绿色化配置，不断优化金融机构资产结构。将金融支持碳达峰碳中和工作情况纳入金融机构高级管理人员考核。

（十五）丰富相关货币政策工具。用好碳减排支持工具，向符合条件的金融机构提供低成本资金，支持金融机构向具有显著碳减排效益的重点项目提供优惠利率融资。推动中央银行资产配置绿色化，逐步将可持续性纳入外汇储备长期经营管理目标，继续投资绿色债券。

（十六）支持高排放行业和高排放项目绿色低碳转型。充分发挥国家绿色发展基金的示范引领作用。鼓励具备条件的金融机构、社会资本成立碳达峰碳中和转型基金。引导金融机构支持清洁运输、清洁取暖和重点行业超低排放改造，大力支持清洁能源的研发、投资、推广运用，继续促进煤炭清洁高效利用，鼓励金融资源向环保绩效等级高的企业倾斜。支持发行转型债券，满足规模以上能源生产消费企业改造升级等低碳转型需求。将高排放行业和高排放项目碳减排信息与项目信贷评价、信用体系建设挂钩。推进高排放行业绿色低碳转型和数字化、智能化升级。

（十七）深化绿色金融区域改革。稳步有序探索具有区域特色的绿色金融发展和改革路径，做好试验区总结评估和经验推广工作。有序开展绿色金融改革创新试验区升级扩容。支持有条件的地方开展气候投融资试点，探索建立气候友好型投融资体制机制。推动绿色金融标准在绿色金融改革创新试验区先行先试，支持建立高标准绿色项目库并实现互联互通。

（十八）在国家区域重大战略中进一步支持绿色发展。推动在岸绿色金融市场发展与上海国际金融中心建设、人民币国际化的良性互动，提升人民币绿色产品定价的国际影响力。建立健全长三角环境信息共享机制，推动绿色金融信息管理系统在长三角地区率先推广。支持京津冀、粤港澳大湾区等国家区域重大战略实施区域发展绿色金融产业，建设国际认可的绿色债券认证机构。

六、强化气候变化相关审慎管理和风险防范

（十九）健全审慎管理。逐步将气候变化相关风险纳入宏观审慎政策框架，引导金融机构支持绿色低碳发展，推动金融机构定期向金融管理部门报送高碳资产规模、占比和风险敞口等信息。适时披露中国金融体系气候变化相关风险压力测试结果。根据气候变化相关风险，研究完善风险监管指标和评估方法。

（二十）增强金融机构应对风险的能力。推动金融机构将气候变化相关风险纳入风险控制体系及公司治理框架。鼓励金融机构运用气候风险压力测试、情景分析等工具和方法，开展气候风险评估，配套完善内部控制

制度、政策工具和管理流程，有效应对转型风险。推动保险机构建立气候变化相关风险评估预测模型，利用大数据等技术手段开展气候灾害风险分析。

七、加强国际合作

（二十一）深化绿色金融合作。积极参加二十国集团（G20）、金融稳定理事会（FSB）、央行与监管机构绿色金融网络（NGFS）、可持续金融国际平台（IPSF）、国际清算银行（BIS）、巴塞尔银行监管委员会（BCBS）、可持续银行和金融网络（SBFN）、国际证监会组织（IOSCO）等多边及双边绿色金融合作机制。主动参加绿色金融国际标准制定，推动中国标准与国际标准体系兼容。推动国内国际绿色金融产品与服务互联互通，便利中外投资者跨境开展绿色投资。

（二十二）推动"一带一路"绿色投资。鼓励银行、股权类投资机构、基金公司等各类金融机构在"一带一路"共建国家和地区开展绿色低碳投资。

八、强化组织保障

（二十三）加强组织领导，形成发展合力。坚持和加强党的全面领导，坚决维护党中央权威和集中统一领导，加强金融支持绿色低碳发展的部门协调合作，形成金融支持绿色低碳发展合力。加强对绿色金融的行为监管和功能监管，提高风险早识别、早预警、早处置能力，重大事项及时向党中央、国务院报告。加强各有关部门信息共享，加强金融机构与企业之间的沟通交流，引导企业有效开展绿色转型和技术改造，推动金融支持绿色低碳政策平稳落地。推动地方政府因地制宜，明确责任分工，建章立制，保障金融支持绿色低碳发展各项政策有效落地。加强对金融支持绿色低碳发展的宣传，营造绿色金融发展良好氛围。

（二十四）强化绿色金融能力建设。加强学术交流与合作，推进绿色金融相关学科专业建设，开展金融支持绿色低碳发展相关重大课题的基础性和前瞻性研究。大力开展绿色金融培训，促进金融管理部门、金融机构和第三方机构提升绿色金融能力。支持金融机构与国内外同业机构就气候风险压力测试、情景分析等开展技术交流，进一步强化金融支持绿色低碳发展的能力建设。

中国人民银行

国家发展改革委

工业和信息化部

财政部

生态环境部

金融监管总局

中国证监会

2024年3月27日

国家金融监督管理总局关于推动绿色保险高质量发展的指导意见①

金规〔2024〕5号

各监管局，各保险集团（控股）公司、保险公司、保险资产管理公司，银保信公司、上海保交所、保险业协会、保险学会、精算师协会、保险资管业协会：

绿色保险是指保险业在环境资源保护与社会治理、绿色产业运行和绿色生活消费等方面提供风险保障和资金支持等经济行为的统称。为贯彻落实党中央、国务院关于推动绿色发展的决策部署，充分发挥保险在促进经济社会发展全面绿色转型中的重要作用，积极稳妥助力碳达峰、碳中和，现提出以下意见。

一、总体要求

（一）指导思想。以习近平新时代中国特色社会主义思想为指导，全面贯彻党的二十大、中央金融工作会议等精神，按照党中央、国务院关于加快推进生态文明建设的总体部署，坚持节约低碳环保可持续发展等绿色发展原则，强化保险业供给侧结构性改革，构建绿色保险服务体系，推动绿色保险高质量发展，加大对绿色、低碳、循环经济的支持，防范环境、社会和治理风险，提升绿色保险服务经济社会绿色转型质效。

---

① 来源：中国政府网。

（二）基本原则。

坚持系统观念、稳中求进。自觉将行业发展与服务碳达峰、碳中和目标相结合，从战略高度系统化、体系化推进绿色保险发展，同步提升自身的环境、社会和治理表现。坚持稳中求进工作总基调，强化风险意识，积极稳妥推进绿色保险可持续发展。

坚持示范引领、重点突破。鼓励因地制宜，先行先试，通过示范带动和典型推广，加快形成可复制、可推广的绿色保险实践经验。围绕重点领域、重点行业加大绿色保险风险保障力度，不断挖掘行业风险特点和保障需求，持续提升服务能力。

坚持创新驱动、数字赋能。加快推进绿色保险管理、模式和服务创新，探索保险支持绿色发展新路径。加快数字化改革，强化科技支撑，丰富绿色保险产品体系，提升绿色保险服务水平。

坚持协同推进、开放合作。加强与地方政府和相关行业主管部门联动协作，促进绿色保险与绿色产业的协同发展，推动各领域绿色发展政策和标准有序衔接，鼓励产学研联动，强化区域协同，推进对外合作，共同支持绿色保险发展。

（三）主要目标。

到2027年，绿色保险政策支持体系比较完善，服务体系初步建立，风险减量服务与管理机制得到优化，产品服务创新能力得到增强，形成一批具有典型示范意义的绿色保险服务模式，绿色保险风险保障增速和保险资金绿色投资增速高于行业整体增速，在促进经济社会绿色转型中的作用得到增强。

到2030年，绿色保险发展取得重要进展，服务体系基本健全，成为助力经济社会全面绿色转型的重要金融手段，绿色保险风险保障水平和保险资金绿色投资规模明显提升，社会各界对绿色保险的满意度、认可度明显提升，绿色保险发展市场影响力显著增强。

二、加强重点领域绿色保险保障

（四）提升社会应对气候变化能力。加快发展气候保险，加大对气候投融资试点地方的风险保障力度，服务应对气候变化国家战略。推动巨灾保险发展，扩大巨灾保险覆盖面，运用再保险有效分散风险，研究探索通过巨灾债券等新型风险转移方式拓宽风险分散渠道，推动形成多层次多维度的巨灾风险分散体系，提升行业巨灾风险承担能力。保险业要加强对公共基础设施、城镇住房、农房、人员等的风险保障，积极主动应对自然灾害。有序发展气象指数类保险，创新"保险+气象"服务机制。

（五）保障绿色低碳科技创新。持续推进绿色装备、材料以及软件等相关科技保险创新，为技术研发、设备制造、使用运维等各环节提供风险保障。围绕绿色低碳科技领域，加快推进研发费用损失类、知识产权类、低碳零碳负碳技术装备类等科技保险发展。围绕绿色技术创新领域中的创新型中小企业、"专精特新"中小企业和"小巨人"企业等发展，为科技研发、成果转化、产业化落地、人才建设等提供保险支持。支持"一带一路"绿色发展，推动我国绿色低碳技术、装备、服务"走出去"。

（六）推动能源绿色低碳转型。针对太阳能、风电、水电、核电等能源产业生产、建设和运营期间的风险特性，提供全生命周期保险保障。探索推进新型储能、氢能、生物质能、地热能、海洋能等新能源领域的保险创新，覆盖研发、制造、运维等关键环节风险。通过保险机制为新型电力系统建设提供风险解决方案。为传统能源绿色升级改造提供保险保障。

（七）推进碳汇能力巩固提升。积极为森林、草原、湿地、海洋、土壤等具备固碳作用的标的提供保险保障，探索开展矿山、土壤等生态修复责任保险，为山水林田湖草沙一体化保护修复工程建设丰富保险供给。在蓝碳领域、渔业领域、沿海生态领域推进风险管理与保险机制创新。为绿色低碳循环农业提供风险保障，推广高标准农田建设工程质量保险，扩大生态农业保险覆盖面，创新研发耕地地力指数等保险。在依法合规、风险可控前提下，探索开展碳交易、碳减排、碳汇等碳保险业务，并针对碳捕集与封存等前沿性固碳技术提供保险服务。

（八）支持绿色低碳全民行动。积极为新能源汽车、电动自行车、共享单车等提供保险保障，推动绿色低碳出行。助推绿色消费发展，为绿色低碳产品提供风险保障支持。探索开展涉碳数据保险，丰富保险服务场景和模式。

（九）提高企业环境污染防治水平。依法推进涉重金属、石油化工、危险化学品、危险废物等环境高风险经营单位环境污染责任保险业务，鼓励各地建立健全环境污染责任保险制度，提升工矿企业用地性质变更、退出、再开发环节的环境风险保障水平。积极发展船舶污染损害责任保险、道路危险货物运输承运人责任保险、职业病责任保险等业务，提升企业生产、储存、运输等环节的环境风险保障水平。探索开展针对渐进性污染和生态环境损害等保险业务。

（十）服务工业领域绿色低碳与绿色制造工程发展。针对钢铁、有色金属、建材、石化化工等行业企业绿色低碳发展中面临的风险，积极提供包括装备、产品、人员等在内的一揽子保险方案和服务。围绕环保绩效等级提升项目、绿色工厂、绿色工业园区、绿色供应链管理企业和绿色设计等发展，探索开展各类保险服务。为大宗工业固废综合利用企业、再生资源综合利用产业、再制造产业、产业园区循环化发展和资源循环利用提供专属保险保障方案。在保险领域推广应用再制造等资源综合利用产品。

（十一）推进城乡建设节能降碳增效。为可再生能源替代、屋顶光伏系统等建筑节能相关风险提供保险保障。发展绿色建筑性能保险、超低能耗建筑性能保险等业务，深入推进建筑节能和绿色建筑领域风险减量服务，对项目规划、设计、施工、运行进行全过程绿色性能风险管控。针对绿色农房、节能低碳设施、可再生能源设备、农村电网等做好保险保障服务。

（十二）助力交通运输绿色低碳发展。围绕新能源汽车、智能网联汽车、轨道交通等领域发展，为研发、制造、应用等环节提供保险保障。围绕低空经济、多式联运、绿色配送等领域提供适配的保险保障方案。围绕绿色交通基础设施建设，为规划、建设、运营和维护提供综合性风险保障方案。

三、加强保险资金绿色投资支持

（十三）完善绿色投资管理体系。建立健全投资管理体系，完善投资管理制度和流程，将环境、社会、治理因素纳入公司治理、投资决策和风险控制流程。探索建立绿色投资业绩评价和考核体系，优化激励和约束机制，加大对绿色投资的内部资源投入。

（十四）强化保险资金绿色发展支持。充分发挥保险资金长期投资优势，在风险可控、商业可持续的前提下，加大绿色债券配置，提高绿色产业投资力度。坚持资产负债匹配原则，积极运用保险资产管理产品等工具，加大对绿色、低碳、循环经济等领域金融支持力度，逐步提升绿色产业领域资产配置。

（十五）加强绿色投资流程管理。提升对所投资产涉及环境、社会、治理风险等方面的分析能力，强化尽职调查、合规审查、投资审批、投后管理，通过完善合同条款、强化社会监督等方式督促融资方加强环境、社会、治理风险管理，鼓励开展投资组合碳排放测算。加强对高碳资产的风险识别、评估和管理，渐进有序降低投资组合碳强度。

四、加强绿色保险经营管理能力支撑

（十六）强化绿色保险主体责任。各保险企业要落实绿色保险发展主体责任，建立绿色保险组织领导和协调推动机制，指定专门机构或高级管理人员负责绿色保险工作并研究设立相关绩效考核指标，明确绿色保险发展战略，确定重点支持方向和领域，统筹推动绿色保险发展。建立有利于绿色保险创新的工作机制，完善绿色保险内控制度和考核评价体系，持续推动绿色保险产品和服务创新。

（十七）加大绿色保险资源投入。各保险企业要制定绿色保险工作规划，在经营战略、业务管理等方面给予差异化支持政策。加强绿色保险培训，充实专业人才储备。探索设立绿色保险专业部门、特色分支机构、创新实验室等专门机构，积极应用新科技、新技术，提高碳管理数字化水平。实行绿色办公、绿色运营、绿色采购、绿色出行等，提高绿色运营水平。

（十八）提升绿色保险风控能力。各保险企业要探索利用大数据、人工智能、云计算等前沿科技，有效识别、监测、防控绿色保险发展中的环境、社会和治理风险，并将其纳入管理流程和全面风险管理体系。完善与客户环境、社会、治理等各类风险状况相挂钩的保险费率浮动机制，引导客户强化自身风险管理。支持再保险公司开发巨灾模型，提升行业巨灾风险定价能力。开展绿色保险产品定价回溯，提高风险定价的有效性、充足性，强化再保资源支持。

（十九）健全绿色保险服务体系。各保险企业要围绕绿色保险新领域，推进产品创新，提升定价能力，丰富服务形式，增加服务供给，增强服务能力，提供一揽子风险减量与损失保障保险方案。加强绿色保险产品开发管理、风险减量管理和理赔专业队伍建设，创新绿色保险理赔模式，建立更加高效、低碳的服务体系，提高服务质效。强化行业协同，建立绿色保险服务网络，提高服务时效、广度和深度。

五、工作保障

（二十）加强监管引领。逐步优化绿色保险偿付能力计算规则。完善保险资金运用政策，加强对保险资金绿色投资的支持力度。优化绿色保险产品备案管理，鼓励探索建立区域性的绿色保险产品创新保护机制。完善绿色保险业务领域相关制度规范。加强绿色保险经营情况监管评价，将结果纳入偿付能力监管、非现场监管等工作体系，探索差异化分类监管，强化监管正向激励作用。

（二十一）强化统计分析。强化绿色保险业务统计工作，优化和完善绿色保险业务统计制度，建立绿色投资统计制度。各保险企业要不断强化对绿色保险产品、绿色产业客户和绿色保险标的的识别和管理，全面、准确统计绿色保险业务发展情况。各保险企业应于每年4月底前向金融监管总局或属地监管机构报送上年度绿色保险发展情况报告，持续提升信息披露水平。

（二十二）推进行业协同。保险业协会要研究推动绿色保险标准体系建设工作，强化行业绿色保险业务经验交流与跨行业交流合作，牵头研究制定重点领域绿色保险示范条款。保险资管业协会要加强保险资金绿色投资领域的研究，制定绿色投资和绿色投资产品的认定标准，有序推动绿色投资信息披露及自律评价工作。保险学会要加大绿色保险产学研结合力度，牵头推进绿色保险理论与实践问题研究。精算师协会要推动行业加强绿色风险数据积累和交流，为绿色保险风险评估、损失测算、费率厘定等提供数据支持。银保信公司要发挥行业基础设施作用，研究探索为行业开展绿色保险识别标识提供数据支持。上海保交所要充分发挥交易平台服务功能，试点开展绿色保险产品创新孵化和信息披露工作。

（二十三）加大政策支持。全行业要加强与各业务主管部门、地方政府部门等沟通协调，积极争取财政、税收、资金等方面的政策支持，强化数据交流共享，共同推进绿色保险高质量发展。加大京津冀、长三角、粤港澳大湾区以及成渝地区双城经济圈等重点区域绿色保险业务创新和服务协同，支持绿色金融改革创新试验区绿色保险试点建设与推广，打造多层次、广覆盖、差异化的绿色保险发展体系。

（二十四）加强宣传交流。行业自律组织要积极搭建宣传交流平台，组织开展形式多样的宣传活动，传播绿色保险理念和政策，营造有利于绿色保险发展的良好环境。要加强与绿色产业企业、研究机构等组织的交流合作，积极开展对外合作交流，推动制度、准则和标准共建，共同助力绿色低碳发展。

国家金融监督管理总局

2024年4月20日